DMZ의 꿈

기후 행동을 통해 재창조된 유라시아

DMZ의 꿈

이근중 지음

좋은땅

감사의 글

광활한 유라시아, 특히 제가 14년 넘게 교육과 연구에 몰두했던 중앙아시아와 독립국가연합(CIS) 국가들의 심장부인 이곳에 이 책을 바칩니다. 평화와 공동의 경제 성장을 꿈꾸는 수많은 사람들에게 이 책은 제가 여러분에게 전하는 메시지이자 우리 공동의 평화 여정에 대한 증거입니다.

제가 걸어가는 길에 계속 빛을 비춰 주시는 부모님을 사랑으로 기억합니다. 저의 친할머님이신 대한민국 최초의 여기자이자 독립운동가이신 최은희 여사의 생활 철학인 "정의롭게 행동하고 항상 깨끗하게 살려고 노력하라."와 여성운동을 위해 헌신하신 '개척자 정신'은 아버님에 이어 저에게도 이 책을 담대하게 쓸 수 있는 지혜와 실천하라는 용기를 주심에 감사드립니다.

그리고 LSE의 Financial Markets Group Professor David Webb께 특별히 감사의 말씀을 전합니다. 저에 대한 교수님의 믿음과 LSE의 Financial Markets Group 연구소에서 책을 마무리할 수 있는 기회에 감사드리며 이 저서가 '인하대학교의 지원에 의하여 연구되었음'에 감사드립니다.

분쟁의 땅

2021년, 코로나바이러스가 전 세계를 혼란에 빠뜨리면서 전 세계 국가와 사람들은 세 가지 급진적인 변화를 인식하고 이에 대비하고 있다. 첫 번째는 코로나바이러스가 생태계와 기후 변화에 미치는 위험이다. 두 번째는 돌이킬 수 없는 삶의 디지털화와 디지털 기술의 급속한 과학적 발전이다. 세 번째는 국가 간 '국익 우선' 정책으로 인한 '신냉전 시대'이다.

제3차 세계 대전과 핵전쟁의 가능성, 강대국 경쟁으로 인한 세계 경제의 불안전 가능성에 직면한 이 땅의 젊은 세대에게 어떤 긍정적인 희망을 남길 수 있을까 고민하다가 이 책을 쓰기로 결심했다. 각국은 평화와 복지를 위한다는 명분 안에 자국의 이익을 우선시하며 국제 관계와 경제 발전을 위한 정책을 개발하고 있다. 그러나 세계 평화에 대한 관심은 세계 시민, 인도주의 단체, 평화유지기구를 중심으로 더욱 단합되고 조화로운 국제 사회를 만들어야 한다는 목소리가 높아지고 있다. 『DMZ의 꿈』은 이러한 복잡한 문제를 파헤치는 것을 목표로 한다. 분쟁으로 분열된 대륙을 공동의 글로벌 도전에 맞서는 공동의 전선으로 변화시킬 수 있는 길을 모색하고자 한다. 이 프로젝트는 단순한 꿈이 아니라 우리 모두가 참여하고, 이해하고, 해결의 일부가 되어야 하는 도전이다. 이 책에서 우리는 이러한 복잡한 갈등과 전환, 그리고 가능한 해결책을 풀어낼 것이다. 글로벌 갈등의 복잡한 지형을 가로지르며 조화로운 유라시아를 향한 잠재적 경로를 발견할 것이다.

먼저 유라시아 갈등을 이해하고 해결하기 위한 여정을 살펴본다. 우리의 여정은 러시아의 그림자가 짙게 드리워진 우크라이나에서 시작된다. 이 땅은 새로운 동서 갈등의 상징이 되었고, 오래된 갈등이 놀라운 결과로 다시 불붙고 있는 최전선이 되었다. 러시아의 우크라이나 침공은 고립된 사건이 아니라 폭풍우가 몰아치는 가운데 천둥에 불과하다. 한편 우리는 미국과 중국 간의 신냉전이 부활하는 것을 목격한다. 이 두 초강대국은 경제적 상호 의존과 군사적 태세의 복잡한 그물망에 얽혀 있다. 그 어느 때보다 위험 수위가 높으며, 유라시아 전역에서 이 교착 상태의 떨림이 느껴지고 있다. 은둔의 왕국 북한은 독특한 도전 과제를 안고 있다. 국제 제재를 무시하고 핵 능력을 추구하는 북한은 분쟁 매트릭스에 불안한 층을 추가한다. 북한의 행동과 전 세계의 반응은 유라시아 전역과 그 너머에 영향을 미치는 파급 효과를 가져온다.

냉전 시대에는 이러한 국가 간 갈등을 피하기 위해 중립국과 완충 지대가 설립되었다. 그러나 점점 더 대립화되는 세계는 갈등이 더욱 증폭되고 발생하여 해결책이 잠복해 있는 공간인 새로운 완충 지대를 필요로 한다. 이러한 영역은 지리적 영역에 국한되지 않고 디지털 및 세대 간 공간에 널리 퍼져 있다. 한반도의 비무장 지대(DMZ), 인터넷상의 비무장 지대(DMZ), 디지털 시대의 MZ세대(시대의 주역인 MZ세대의 머리말을 따서 DMZ이라고 지칭하겠다.)는 21세기의 새로운 완충 지대이다. 이러한 영역은 글로벌 보안에 대한 도전과 혁신적인 솔루션을 위한 기회를 제공한다. 따라서 우리는 이 세 가지 현상에 대해 우리가 어떻게 생각해야 하는지에 대한 함의를 보여 주기 위해 'DMZ'를 평화를 위한 완충 영역으로서 상징 단어로 선택했다. 강대국들의 대립과 디지털 세상의 부정적 영향은 앞으로 행복을 추구해야 할 젊은 세대에게 가장 큰 영향을 미칠 것이다. 특히 밀레니얼 Z세대는 1995년에서 2010년 사이에 태어난 사람들을 말한다. MZ세대의 가장 큰 특징은 디지털 환경에서 태어나 디지털 환경에 가장 잘 적응하는 세대라는 점이다. 이 세 가지 DMZ가 우리 세대의 평화를 구축하기 위한 완충 지대 역할을 해야 한다.

이러한 DMZ는 전환 경제, 기후 변화, 디지털화 추진, 지속 가능한 개발의 시급한 필요성 등 우리 시대의 더 큰 문제와 본질적으로 연결되어 있다. 전환 경제 시대에는 시장이 작동하는 방식에 급격한 변화가 일어나고 있다. 전환 경제 중 하나는 사회주의 국가가 시장 경제로 전환하는 것이다. 두 번째는 전통적인 산업화 경제에서 디지털 산업 경제로의 전환이다. 세 번째는 지구 온난화 방지를 목표로 하는 경제 패러다임으로의 빠른 전환이다. 이러한 거대한 변화와 씨름하면서 우리는 이러한 요소들을 하나로 엮어 증가하는 갈등에 대응하고 지속적인 평화를 위한 길을 열수 있는 방법을 찾아야 한다. 이러한 복잡한 현실 속에서도 희미한 희망이 있다. 유라시아 분쟁의 잿더미 속에 잠재적인 해답이 있다. 이 해답은 '어떻게 중립 지대가 유라시아 분쟁의 완충 역할을 할 수 있을까.' 그리고 '지정학적 갈등보다 더 큰 위협인 기후 변화 위기가 글로벌 통합을 위한 결집점이 될 수 있을까.'에서 찾을 수 있다.

이러한 해답을 찾기 위한 여정에서는 유라시아 분쟁의 완충 지대로서 중립 지대의 가능성을 고려하면서 지정학적 지형을 더 깊이 들여다본다. 권력 정치의 거대한 서사에서 종종 간과되는 이 지역은 지속적인 평화를 추구하는 데 여전히 중추적인 역할을 할 수 있다. DMZ의 꿈은 분열된 세계에서 평화와 협력을 우선시할 것을 촉구하는 우리 시대의 시급한 요구를 강력하게 상기시켜 준다. DMZ 드림은 기후 변화에 대응하기 위한 국제 협력의 중요성을 강조한다. 유라시아 비무장 지대는 녹색 통로 건설, 식량 안보 촉진, 생태계 보존과 디지털 산업의 완충 지대로의 역할을 함으로써 기후 변화에 대응하고 미래 세대를 위해 지구를 보호하는 데 어떻게 도움이 될 수 있는지를 보여 주는 강력한 사례가 될 수 있다. 또한 DMZ 디지털 MZ(DMZ)세대는 자신의 미래를 능동적으로 만들어 가는 데 주도적인 역할을 할 수 있도록 권한을 부여받아야 한다. 이들에게 사회, 정치, 환경 문제에 참여할 수 있는 기회를 제공함으로써 디지털 기술과 혁신적인 사고를 활용하여 모두를 위한 더 밝은 미래를 만들 수 있다. 교육 기관, 정부, 단체는 디지털 MZ세대가 디지털 기술을 개발하고, 글로벌 이슈에 참여하고, 전 세계 또래들과 협력할 수 있는 기회를 만들기 위해 함께 노력해야 한다.

　유라시아 끝자락의 긴장된 한반도에서 사막화로 신음하는 몽골을 지나 중국의 북방 지역과 유라시아 광야의 시작인 카자흐스탄을 통과하여 러시아와 우크라이나의 곡창 지대를 거쳐 폴란드까지 이어지는 평화로운 중립 지대를 만들어 보자. 재생 에너지, 울창한 숲, 농업을 통해 이 모든 지역을 완충 지대로 점진적으로 연결하는 그린 슈퍼 그리드를 상상하면 유라시아의 평화를 재창조할 것이다. 이는 갈등이 아닌 협력을 통해 무엇을 이룰 수 있는지를 보여 주는 살아 있는 증거가 될 것이다. 이 비전 프로젝트는 유토피아적 이상이 아니라 실용적이고 달성 가능한 목표라는 점을 인식하는 것이 중요하다. 기존의 지식과 전문성, 자원을 활용하면 'DMZ 드림'을 현실로 만들고 보다 평화롭고 지속 가능한 세상을 만드는 데 기여할 수 있다.

대한민국은 일찍이 세계를 놀라게 한 리비아 대수로 공사를 비롯하여 건설, 조선업, 반도체, 방위 산업 등의 하드 파워와 엔터테인먼트의 소프트 파워로 만들면서 K-power를 해냈다. 이제 평화를 위한 녹색 회랑 건설을 주도하는 K-peace power를 선보일 때이다. 이 K-peace power는 대한민국이 이룬 하드 파워와 소프트 파워를 더욱 세계에 각인시켜 줄 것이라 믿는다.

평화를 위한 투자는 국가 간 개별 투자가 아니라 기후 변화 대응, 우크라이나 전후 재건, 급변하는 디지털 세계의 양극화 문제를 해결하는 데 도움이 될 공동의 목표를 인식하고 효율적이고 생산적인 투자 방법을 함께 모색하는 것이다.

DMZ 드림은 우리 시대의 가장 시급한 문제를 해결하기 위한 대담하고 비전 있는 제안으로 평화, 지속 가능성, 공동 번영을 향한 길을 제시한다. 공동의 행동, 열린 대화, 혁신에 대한 헌신을 통해 우리는 이 꿈을 현실로 바꾸고 다음 세대를 위한 더 밝은 미래를 만들 수 있다. 독자 여러분은 물론 가족, 친구, 동료 여러분도 'DMZ 드림'을 선언하는 데 DMZ-dream. com을 통하여 동참해 주시기 바랍니다.

독자님 모두 항상 행복하시길 바랍니다.

목차

제1장

평화의 참호:
세 얼굴의 비무장 지대

비무장 지대(DMZ)의 개념은 전통적으로 분쟁 당사자들이 군사 활동을 자제하기로 합의한 공간인 물리적 완충 지대로 이해되어 왔다. 그러나 세계가 진화함에 따라 DMZ라는 용어는 우리 시대의 복잡성을 반영하는 새롭고 광범위한 의미로 사용되고 있다. 이 세 가지 DMZ에 대해 우선 알아보자.

첫째, DMZ에 대한 가장 전통적인 이해는 한반도의 완충 지대로 대표되는 것이다. 이 지역은 단순한 물리적 분단이 아니라 지정학, 희망, 지속적인 평화에 대한 추구라는 얽히고설킨 이야기를 상징한다. 그 의미를 되짚어 보면 글로벌 안정과 번영에 대한 열망에 대한 새로운 통찰력을 얻을 수 있다.

둘째, 디지털 영역은 우리에게 또 다른 종류의 DMZ을 소개한다. 인터넷의 발전과 인공지능의 출현으로 점철된 지난 20년은 디지털 국경을 보호해야 할 필요성을 강조한다. 이 DMZ는 지리적 좌표에 얽매이지 않고 기술이 불화를 일으키는 무기가 아니라 진보를 위한 도구로 남도록 하는 데 매우 중요하다.

마지막으로, MZ세대로 불리는 새로운 세대가 등장하고 있다. 급속한 디지털 혁신의 시대에 태어난 이들은 물리적 DMZ와 디지털 DMZ를 탐색하고, 혁신하고 발전시킬 것이다. 이들의 열망과 도전, 세계관은 21세기의 진로를 결정하는 데 중추적인 역할을 할 것이다.

DMZ에 대한 이 세 가지 해석은 서로 얽혀 도전과 희망의 태피스트리를 형성하여 평화로운 유라시아, 조화로운 세상, 미래 세대가 자랑스럽게 물려받을 수 있는 지구를 향한 우리의 공동의 꿈을 집중 조명할 것이다.

1-1

공포의 장벽: 한반도의 DMZ

DMZ는 비무장 지대의 약자로, 한반도를 북한과 남한으로 나누는 군사적 중립 지역이다. 비무장 지대는 1953년 한국전쟁이 끝난 후 합의에 의해 설정되었으며 휴전이 없는 상황에서 양측의 군사적 긴장을 완화하기 위한 목적으로 만들어졌다. 한반도의 비무장 지대는 폭 2.5마일(4km), 길이 160마일(248km)로 동서로 뻗어 있으며, 양쪽에는 철조망과 지뢰밭, 중무장한 군인들이 늘어서 있는 세계에서 가장 엄격하게 경계가 설정된 지역 중 하나이다. 비무장 지대는 남북한의 분단을 극명하게 보여 주는 동시에 통일과 평화로운 미래에 대한 희망을 상징하기도 한다.

한국전쟁은 1950년 6월 25일 북한군이 제2차 세계 대전 이후 남북한을 가르는 경계선인 38선을 넘으면서 시작되었다. 북한군은 순식간에 남한 대부분을 점령했지만 미군이 이끄는 유엔군이 북한군을 밀어낼 수 있었다. 21개 유엔 회원국이 한국을 방어하기 위해 한국전쟁에 참전했다. 미국, 영국, 캐나다, 터키, 호주를 포함한 16개국이 전투 병력을 파견하여 직접 전투를 지원했다. 스웨덴과 인도는 덴마크, 노르웨이, 이탈리아와 함께 한국 국민에게 의료 지원과 식량을 제공했다. 한편 중국과 소련은 북한군을 지원하는 데 앞장섰지만 소련은 전투기만 제공했다.

전쟁은 계속되었고 결국 38도선 부근에서 교착 상태에 이르렀다. 1951년 7월 평화 협상이 시작되었다. 2년 동안 이어진 협상은 어렵고 논쟁적이었으며 전쟁이 소모전으로 계속되었다. 미국과 유엔, 그리고 북한과 중국이 협상 당사자였다. 결국 1953년 7월 27일 휴전이 체결되었다. 총 5개 조 63개 항으로 구성된 정전협정은 비무장 지대(DMZ) 설정, 군사정전위원회와 판문점 공동경비구역(JSA) 설치, 포로 교환, 고위급 정치 회담 등을 규정했다. 그러나 이는 종전이 아닌 휴전이었으며, 남북한 사이에는 여전히 전쟁의 위험과 공포가 존재했다. 휴전으로 인한 완충 지대인 비무장 지대의 도전과 좌절은 계속되고 있다. 판문점 공동경비구역(JSA)은 한국 비무장 지대(DMZ)에서 남북한 군대가 마주 보고 있는 유일한 지역이다. 판문점 마을 근처에 위치한 JSA는 남북한 간의 외교적 교류를 위한 장소로 사용된다. 역사적으로 유엔군사령부, 특히 미국의 군인들도 남측 JSA에 주둔했다.

비무장 지대에서는 수많은 사건과 충돌이 발생하여 남북한 간의 지속적인 긴장과 이 지역 평화의 취약성을 강조하고 있다. 이러한 사건 중 몇 가지를 다음에 설명한다.

김신조 청와대 침투 사건은 1968년 1월 21일, 무장한 북한 요원들이 한국의 백악관인 청와대를 습격하여 박정희 대통령 암살을 시도한 사건이다. 경찰과 군에 쫓기던 이들은 28명이 사망하고 3명만 생포되었다. 이 사건은 한국의 안보를 위협했고, 이후 한국은 향토예비군을 창설하고 방위 태세를 강화하는 등 대응 조치를 취했다.

1976년 8월 18일, 아서 보니파스 대위와 마크 배럿 중위 등 미군 장교 2명이 한국 비무장 지대 공동경비구역(JSA)에서 포플러 나무를 다듬는 일상적인 작전 중 북한군에 의해 비극적으로 사망하는 사건이 발생했다. 이에 신속하게 대응하기 위해 미국과 한국은 사흘 만에 폴 번연 작전을 개시했다. 한미 양국은 1,200여 명의 병력과 92대의 항공기를 투입해 나무를 다듬기 시작했고, 작전을 방해하려는 북한군과 대치했다. 긴장감 속에서도 별다른 사고 없이 성공적으로 나무를 다듬을 수 있었다. 폴 번연 작전은 북한의 도발에 대한 강력한 대응이었으며 판문점 공동경비구역의 안전을 확보하는 데 기여했다.

연평도 포격전은 2010년 11월 23일 연평도에 대한 북한의 포격 도발이다. 이 사건으로 인해 2명이 사망하고 16명이 부상을 입었으며 민간 건물 133동이 파괴되었다. 이 사건은 북한의 도발로 인한 심각한 위협으로 평가되었고, 한국 정부는 북한에 강력하게 대응했다.

천안함 침몰 사건은 2010년 3월 26일 서해 북방한계선(NLL) 인근 해상에서 천안함이 침몰한 사건이다. 이 사고로 승조원 104명 중 46명이 사망하고 58명이 구조되었다. 국제 조사단은 천안함 침몰이 북한의 어뢰 공격에 의한 것이라고 결론지었다. 이 사건은 대한민국 국민들에게 큰 충격과 분노를 안겨 주었다.

2015년 8월 4일, 북한군은 비무장 지대 인근에 지뢰를 매설하여 한국군 수색 대원 2명이 부상을 입었다. 한국 정부는 이에 강력히 항의하며 대북 확성기 방송을 재개했다. 북한은 처음에는 지뢰 도발을 부인했지만 결국

8월 25일 지뢰 도발을 인정하고 사과했다.

이러한 사건들에 불구하고, 남한과 북한 사이의 비무장 지대는 남북한 간의 긴장과 외교적 노력의 소용돌이, 그리고 한반도뿐만 아니라 동북아시아 평화에 대한 희망의 역사를 반영하는 복잡한 역사를 가지고 있다. 2000년과 2007년에는 남북 정상회담이 개최되어 한반도의 평화와 진전에 대한 희망을 다시 불러일으켰다. 이 정상회담은 일시적인 긴장 완화뿐만 아니라 남북 경제 합작 기업인 개성공단 설립과 같은 관계 개선을 위한 구체적인 조치로 이어졌다. 그러나 남북 정상회담이 항상 성공적이었던 것은 아니며, 마지막 평화 협상은 2018년에 있었다. 2018년 4월 남북 정상이 서명한 판문점 선언은 남북 관계의 역사적인 순간이기도 했다. 비무장 지대 판문점 마을에서 열린 이 정상회담은 김정은 북한 국무위원장과 문재인 대한민국 대통령의 첫 만남이었다. 판문점 선언은 한국전쟁의 공식적인 종전과 한반도의 비핵화를 촉구했다. 또한 이산가족의 협력, 소통, 재결합을 촉진하기 위한 조치도 명시했다. 이 중추적인 사건은 분단의 상징인 비무장 지대와 화해의 가능성을 강조했다. 안타깝게도 2019년 도널드 트럼프 미국 대통령과 김정은 북한 국무위원장 간의 베트남과 싱가포르 회담은 성과 없이 끝났고, 북한은 핵무기 개발을 계속하며 현상 유지로 돌아갔다.

70년 된 비무장 지대는 의도치 않게 야생동물의 피난처이자 환경 보호구역이 되어 많은 멸종위기종과 자연 그대로의 생태계가 보존되어 있다. 따라서 비무장 지대는 한국의 평화 비전의 핵심 요소인 보전과 지속 가능한 개발을 통합할 수 있는 소중한 기회이다.

인내가 필요하다. 변화는 하루아침에 일어나지 않으며 평화로 가는 길은 멀고 험난할 수 있지만, 역경에 맞서 화합과 협력이라는 목표에 전념한다면 더 나은 미래를 향해 점진적으로 진전할 수 있다고 믿는다. 평화를 향한 우리의 확고한 의지는 비무장 지대를 가로지르는 다양한 외교적 시도에서 입증되어 왔으며, 이는 더 조화로운 세상을 향한 도전에 직면했을 때 결코 포기해서는 안 된다는 것을 강력하게 상기시켜 준다.

비무장 지대는 여전히 긴장된 곳이다. 군사분계선(MDL)을 가로지르는 군인들의 날카로운 눈빛은 평화가 유동적이라는 것을 극명하게 보여 준다. 21세기까지 지속된 냉전의 가장 대표적인 상징이자 이념적 차이가 활짝 열려 있는 곳, 말 그대로 한 세계에서 다른 세계로 넘어갈 수 있는 곳이기도 하다. 그러나 남북한 비무장 지대라는 상징적 의미를 넘어 한국의 동쪽에서 서쪽으로 뻗어 있는 비무장 지대는 국제 관계에서 마찰을 줄일 수 있는 장소가 될 수 있다. 한국의 비무장 지대는 분쟁과 갈등에 시달리는 다른 지역에서도 유사한 이니셔티브에 영감을 줄 수 있다. 그러나 한반도의 비무장 지대 모델이 완벽한 평화를 보장하지는 않는다. 이 책은 더 나은 새 얼굴의 비무장 지대를 만들기 위한 여정을 설명하려 한다.

1-2

보이지 않는 전장:
인터넷 비무장 지대 DMZ

디지털 시대가 현 시대를 정의하고 있다. 인터넷은 상거래와 커뮤니케이션부터 엔터테인먼트와 거버넌스에 이르기까지 일상생활에 지대한 영향을 미치고 있다. 하지만 이러한 발전과 함께 도전 과제도 등장했다. 사이버 공간은 그 방대한 가능성에도 불구하고 보이지 않는 대립의 영역도 존재한다. 이 섹션에서는 '인터넷 DMZ'라고 불리는 이 가상 완충 지대에 대해 자세히 살펴본다.

DMZ는 디지털 세계에서 '비무장 지대'를 의미하기도 한다. 이 DMZ는 컴퓨터 보안에서 조직의 내부 네트워크와 공용 인터넷 사이에 안전하고 격리된 영역을 만들기 위해 사용되는 네트워크 아키텍처 개념이다. 이러한 유형의 DMZ의 목적은 서버, 애플리케이션, 데이터와 같은 중요 자산을 보호하기 위한 추가 보안 계층을 제공하는 것이다. 일반적인 DMZ 아키텍처에는 내부 네트워크, DMZ 네트워크, 공용 네트워크(인터넷)의 세 가지 네트워크가 있다. 내부 네트워크에는 특정 조직의 중요한 데이터와 중요 자산이 포함되어 있으며, 조직 외부의 신뢰할 수 없는 공용 네트워크로부터 방화벽 및 기타 보안 조치로 보호된다. DMZ 네트워크는 내부 네트워크와 공용 네트워크 사이에 위치하며 인터넷에서 액세스해야 하는 서버 및 기타 리소스를 포함한다. 내부 네트워크에 대한 액세스를 제한하는 동시에 공용 네트워크에서 DMZ의 리소스에 대한 액세스를 제어할 수 있도록 설계되었다. 이는 들어오고 나가는 트래픽을 필터링하고 검사하는 방화벽 및 기타 보안 장치를 사용하여 달성된다.

인터넷 DMZ는 조직이 내부 네트워크에 대한 높은 수준의 보안을 유지하면서 인터넷 서비스를 제공할 수 있도록 지원하여 디지털 세상을 발전시키는 데 중요한 역할을 해 왔다. 인터넷 DMZ는 온라인 거래를 위한 안전한 플랫폼을 제공하여 기업이 전 세계 고객에게 제품과 서비스를 판매할 수 있도록 지원함으로써 전자상거래를 촉진한다. 또한 인터넷 DMZ를 통해 기업은 내부 네트워크에 대한 원격 액세스를 제공하여 직원들이 자택이나 기타 원격 위치에서 근무할 수 있도록 지원한다. 코로나19 팬데믹으로 인해 원격 근무와 가상 협업이 급격히 증가했다. 클라우드 컴퓨팅이 디지털 혁신의 핵심 동력이 되어 기업이 운영을 확장하고 서비스를 보다 효율적으로 제공할 수 있게 되면서 인터넷 DMZ는 개인 및 조직 네트워크와 클라우드 기반 서비스 간의 안전한 연결을 허용하여 보안을 유지하면서 클라우드 컴퓨팅을 보다 쉽게 도입할 수 있게 해 준다.

인터넷 DMZ는 이러한 기술이 작동할 수 있는 안전한 플랫폼을 제공함으로써 AI, 자율 주행 차량, 자율 로봇 개발에 중요한 역할을 하고 있다. 예를 들어 자율주행 차량은 도로를 탐색하고 장애물을 피하기 위해 센서, 프로세서, 클라우드 기반 서비스로 구성된 복잡한 네트워크에 의존한다.

이러한 시스템에서 수집한 데이터는 중단이나 변조 없이 빠르고 안전하게 전송되어야 한다. 인터넷 DMZ는 이러한 데이터 전송을 위한 안전한 플랫폼을 제공하여 외부 사이버 위협으로부터 차량의 내부 시스템을 보호하고 차량이 안전하고 안정적으로 운행될 수 있도록 한다. 또한 인터넷 DMZ는 이러한 기술과 관련된 지적 재산 및 기타 민감한 정보를 보호하는 데 중요한 역할을 할 수 있다. 인터넷 DMZ는 온라인 거래와 통신을 위한 안전한 플랫폼을 제공함으로써 조직과 개인에게 막대한 비용을 초래할 수 있는 기밀 데이터 도난을 방지하는 데도 도움이 될 수 있다.

하지만 디지털 기술은 빠르게 진화하고 있다. 인터넷 DMZ와 인공 지능(AI)의 교차점은 빠르게 진화하고 있는 흥미로운 분야이다. AI가 빠른 속도로 계속 발전함에 따라 사이버 공간 분쟁에서 AI의 적용은 점점 더 강력해지고 다양해지고 있다. 인터넷 DMZ의 맥락에서 AI는 공격과 방어 모두에 중요한 영향을 미친다. 공격적인 측면에서 AI는 보다 정교한 사이버 공격을 수행하는 데 사용될 수 있다. 예를 들어, AI 알고리즘은 공격 대상의 디지털 인프라에서 취약점을 발견하는 프로세스를 자동화하고 신속하게 처리하는 데 사용될 수 있다. 또한 AI는 공격자가 피싱 공격이나 다른 형태의 속임수를 더욱 설득력 있게 만드는 소셜 엔지니어링 전술을 개선하는 데 도움이 될 수 있다. 최근 몇 년 동안 AI의 광범위한 사용으로 인해 가짜 뉴스에 대한 우려와 AI가 인간의 생각과 아이디어를 조작하는 도구로 사용될 가능성에 대한 우려가 제기되었다.

AI가 인터넷 비무장 지대의 위험성을 증폭시키고 있다는 것은 의심할 여지가 없으며, 이 영역이 훨씬 더 중요한 초점 영역이 되고 있다. 그러나 이러한 맥락에서 AI를 사용하는 것은 중요한 윤리적, 법적 문제를 제기하기도 한다. 예를 들어, AI 시스템이 심각한 사이버 공격으로 이어지는 결정을 내리면 어떻게 될까? 누가 책임을 지며, AI 사용이 국제법과 규범을 준수하도록 어떻게 보장할 수 있을까? 이러한 질문은 인터넷 DMZ에서 AI의 역할이 계속 커짐에 따라 해결해야 할 어려운 질문이다. 21세기가 진행됨에 따라 인터넷 DMZ와 AI 기술 간의 복잡한 역학 관계를 이해하는 것이 중요해질 것이다. 인터넷 비무장 지대는 국가, 조직, 개인이 AI의 잠재적 혜택과 위험 사이의 균형을 맞추고 디지털 환경의 보안을 유지하기 위해 경계를 늦추지 않아야 하는 진화하는 디지털 완충 지대이다.

인터넷 비무장 지대(DMZ)는 드론 또는 무인 항공기(UAV)의 세계와 흥미로운 유사점을 공유한다. 기술이 발전함에 따라 드론은 국방에서 농업, 배송 혁신에서 고급 감시에 이르기까지 다양한 영역에 걸쳐 새로운 영역을 형성하고 있다. 이러한 드론은 가상 현실과 실제 현실의 조화를 구현하며 현대의 복잡한 면모를 드러낸다.

인터넷에 깊숙이 연결된 드론은 인터넷 비무장 지대의 범위 내에서 새로운 도전을 불러일으키고 있다. 드론이 여러 분야에 걸쳐 광범위하게 사용되고 있다는 점은 드론의 혁신적 잠재력을 잘 보여 준다. 군사 및 감시 역량에서 드론은 게임 체인저이다. 드론은 접근하기 어려운 지형을 탐색할 뿐만 아니라 실시간 인텔리전스를 제공하여 인간의 위험을 줄임으로써 현대 전쟁과 정찰을 변화시키고 있다. 드론의 활용 범위는 원격 지역의 데이터 수집부터 고위험 전투 작전까지 매우 광범위하다. 따라서 드론과 디지털 DMZ의 융합은 보안과 기술 발전에 대한 우리의 이해를 한층 더 복잡하게 만들고 있다.

언뜻 보기에 한반도의 비무장 지대(DMZ)와 인터넷 DMZ는 서로 다른 개념처럼 보일 수 있지만, 완충 지대 유지의 중요성이라는 공통점이 있다. 한반도의 경우 비무장 지대는 남북한 사이의 완충 지대로서 남북한 간의 직접적인 충돌 가능성을 줄여 주는 역할을 한다. 마찬가지로 인터넷 DMZ는 조직의 내부 네트워크와 공용 인터넷 사이의 완충 지대 역할을 한다.

인터넷 DMZ의 일부 원칙은 평화와 협력을 증진하기 위해 국제 관계에 적용될 수 있다. 인터넷 DMZ가 조직의 내부 네트워크와 공용 인터넷 사이에 완충 지대를 제공하는 것처럼, 국가 간 물리적 완충 지대는 분쟁의 위험을 줄이는 데 도움이 될 수 있다. 마찬가지로 국제 협약과 외교 채널을 통해 민감한 정보에 대한 액세스를 제어하고 악의적인 행위자가 정치적 또는 이념적 차이를 악용하는 것을 방지할 수 있다. 네트워크 보안을 유지하기 위해 네트워크 관리자 간의 지속적인 소통과 협력이 필요한 것처럼, 국제 외교를 위해서는 오해를 방지하고 신뢰를 구축하기 위해 국가 간의 지속적인 대화와 협력이 필요하다. 마지막으로, 인터넷 DMZ는 내부 네트워크의 주권을 존중하는 동시에 인터넷 대면 서비스를 위한 안전한 플랫폼을 제공하도록 설계되어야 한다. 국제 행위자들은 개별 국가의 주권을 존중하는 동시에 협력과 상호 이익을 증진해야 한다.

이러한 원칙은 국가 간 분쟁을 해결하기 위한 포괄적인 해결책은 아니지만, 국제 협력을 촉진하고 분쟁의 위험을 줄일 수 있는 잠재력을 가지고 있다. 그러나 궁극적으로 복잡한 지정학적 문제를 해결하려면 외교, 협력, 인권 및 국제법 존중을 위한 노력의 조합이 필요하다.

1-3

세대 간의 완충 지역:
Digital 시대의 주역 MZ세대로서 DMZ

국가는 경제 성장, 사회 발전, 국민 복지 향상을 목표로 다양한 이념적 지형을 탐색하고 다양한 정책을 시행한다. 그러나 많은 정부가 미래 세대를 희생시키면서까지 단기적인 이익을 우선시하는 경우가 많다는 점을 고려하면 논쟁은 더욱 심화된다. 앞서 살펴본 물리적 및 디지털 비무장 지대(DMZ)의 한계를 넘어 세대별 DMZ가 등장하고 있다. 이 공간은 진화하는 사회, 경제, 정치 환경을 배경으로 밀레니얼 세대와 Z세대가 직면한 관점과 과제를 묘사한다. 밀레니얼 세대와 Z세대(MZ)로 함께 알려진 이 두 세대는 현저하게 다른 시대에 성장했다. 1981년에서 1996년 사이에 태어난 밀레니얼 세대는 인터넷의 부상과 개인용 컴퓨터의 확산을 경험하며 디지털 시대에 성인이 되었다. 밀레니얼 세대는 스마트폰, 소셜 미디어, 상시 연결성이 없던 시절을 기억한다. 2008년 금융 위기는 청년들에게 깊은 영향을 미쳤고, 경제 관념에 큰 영향을 미쳤다. 한편 1997년부터 2012년 사이에 태어난 Z세대는 진정한 의미에서 '디지털 네이티브'라는 용어의 전형이다. 많은 사람들이 이들을 단순히 다음 세대로 간

주할 수도 있지만, 이들의 타고난 디지털 성향을 고려할 때, 디지털 태생과 오늘날 분단된 세계에서 직면한 도전의 독특한 조합을 상징하는 'DMZ세대'라고 부르는 것이 적절할 수 있다.

DMZ세대는 디지털 혁명의 최전선에 서 있으며 다양한 산업 분야에서 혁신과 변화를 주도하고 있다. 이들은 새로운 기술을 얼리어답터로 받아들이고 소셜 미디어와 온라인 플랫폼에 적극적으로 참여한다. 따라서 디지털 도구와 플랫폼에 크게 의존하는 인플루언서 마케팅, 소셜 미디어 관리와 같은 새로운 비즈니스 모델과 AI를 활용한 혁신 산업을 지속적으로 발전시켜 나갈 것이다. 또한 DMZ 세대는 개인정보 보호 및 보안 문제에 매우 민감하며 온라인에서 개인 정보를 공유할 때 이전 세대보다 더 신중한 태도를 보인다. 이들은 디지털 세상과 관련된 위험을 인식하고 자신과 온라인 신원을 보호하기 위한 조치를 취하고 있다.

MZ세대의 구성원들은 다양하고 포용적이며 사회적 의식이 높은 가치관을 가지고 있다. 이들은 기술에 능숙하고 기업가 정신이 강하며 적응력이 뛰어나다는 특징이 있다. 9·11 테러, 2008년 금융 위기, 코로나19 팬데믹 등 수많은 글로벌 사건이 이들의 세계관과 우선순위에 큰 영향을 미쳤다. 이들은 경력 개발과 재정적 안정에 중점을 두고 있다. 또한 이전 세대보다 교육 수준이 높지만 교육비 상승과 경쟁이 치열한 취업 시장에서 좋은 일자리를 찾는 데 어려움을 겪고 있다.

한국의 밀레니얼-Z세대는 남북한 통일에 대해 대체로 엇갈린 견해를 가지고 있다.

이들 중 다수는 남북한 간의 역사적, 문화적 유대를 인정하고 통일이 사회적, 정치적 혜택을 가져다줄 수 있는 바람직한 목표라고 생각한다. 이들은 통일이 한반도에 평화와 안정을 가져오고 북한 주민들이 남한 주민들과 동일한 자유와 권리를 누릴 수 있는 기회를 제공할 수 있다고 믿는다. 또한 많은 사람들은 통일이 세계 무대에서 한국의 입지를 강화할 수 있는 방법이라고 생각한다.

　그러나 이러한 목표를 달성하는 데 따르는 복잡성과 어려움을 이해하고 있으며, 통일보다는 평화 공존을 지지하는 이유도 많다. 통일 비용은 수천억 달러에서 수조 달러에 이르는 매우 높은 비용이 소요될 것으로 예상된다. 특히 안정적인 일자리와 저렴한 주택을 찾기 위해 고군분투하는 많은 한국 젊은이들은 경제적 행복을 희생해야 하는 통일을 지지하기를 주저한다. 또한 남북한은 70년 이상 분단되어 왔으며 그 기간 동안 문화가 크게 달라졌다. 많은 한국 젊은이들은 통일 이후 문화적 차이를 좁히기에는 너무 큰 차이가 있으며, 서로의 차이를 존중하면서 평화로운 관계를 구축하는 데 집중하는 것이 더 낫다고 생각할 수 있다. 또한 통일을 위해서는 크게 다른 두 정치 체제의 대대적인 통합이 필요하며, 이는 잠재적으로 사회 불안과 정치적 불안정으로 이어질 수 있다. 안정과 안보를 우선시하는 한국의 젊은이들은 정치적 혼란을 감수하는 것보다 평화로운 공존을 더 안전한 선택으로 여길 수 있다. 전 세계적으로 통일은 특히 한국과 중국, 일본, 미국과의 관계에 있어 광범위한 지정학적 영향을 미칠 수 있다. 이러한 지정학적 국제 관계는 일부 한국 청년들이 통일은 역내 미묘한 힘의 균형을 깨뜨리고 더 큰 긴장과 갈등으로 이어질 수 있다고 우려하게 할 수 있다.

한국의 비무장 지대와 인터넷 비무장 지대는 완충 지대를 유지하는 중요성을 강조한다. 두 지대 모두 분쟁이나 공격으로부터 보호하고자 세심하게 모니터링이 강화되고 있다. 이 두 상황은 환경은 다르나 기본 원리는 동일하다. DMZ세대는 이 두 완충 지대의 경험을 바탕으로 젊은 세대와 미래의 세대를 위한 평화와 경제 안정성을 해결할 수 있다. 추가로, 선배 세대와 각 국가의 리더들은 한국의 비무장 지대와 인터넷 비무장 지대의 경험을 통해 나아가야 할 방향을 Digital화된 MZ세대(DMZ)에게 교육하고 안내하며 평화를 주도해야 할 것이다.

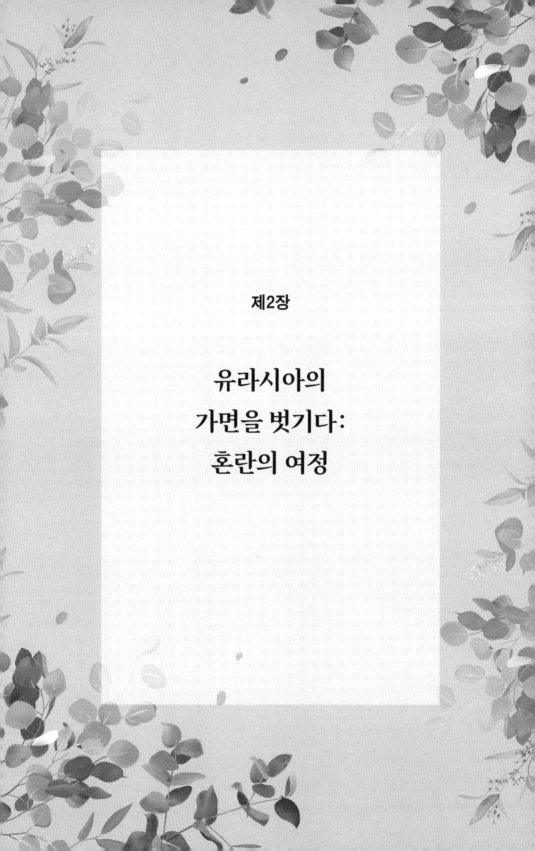

제2장

유라시아의
가면을 벗기다:
혼란의 여정

'신냉전'이라는 용어는 주로 미국과 중국을 중심으로 한 세계 주요 강대국 간의 긴장과 전략적 경쟁이 고조된 상태를 의미한다. 이러한 지정학적 갈등의 반복은 고유한 특징과 맥락을 가지고 있지만, 미국과 소련 간의 기존 냉전과 어느 정도 유사하다고 볼 수도 있다. 그러나 신냉전은 기존 냉전과 달리 이데올로기적 적대감이 주된 동기가 아니다. 중국의 권위주의 모델과 미국이 지지하는 자유민주주의 원칙 간의 경쟁이 현재의 지정학적 지형을 형성하는 데 중요한 역할을 했지만, 신냉전에는 미소 간 투쟁에 만연했던 공산주의와 자본주의의 사상적인 명백한 단순한 충돌이라고 말할 수 없다. 또한 신냉전의 범위는 미국과 중국의 힘의 경쟁을 넘어 러시아와 유럽연합(EU)과 같은 다른 강대국 간의 역학 관계로까지 확대되었다.

협력과 갈등을 특징으로 하는 이러한 다면적인 관계는 복잡하고 유동적인 국제 환경을 조성한다. 신냉전은 역사적 이전 냉전과 몇 가지 특징을 공유하지만, 이 현대적 투쟁의 고유한 측면을 인식하는 것이 필수적이다. 다극성과 상호 연결성을 특징으로 하는 새로운 세계 질서는 경쟁이 심화되는 가운데 외교와 협력에 대한 도전과 기회를 제시한다.

이 섹션에서는 세 가지의 DMZ가 신냉전 시대에 어떻게 중요한 역할을 할 수 있는지 살펴본다. 특히 탈냉전 시대에 국가들이 세 가지 DMZ의 원칙을 활용하여 어떻게 현명하게 평화를 유지할 수 있는지에 초점을 맞추고 있다.

2-1

냉전의 부활

이념적 갈등과 지정학적 경쟁의 시대인 냉전은 1945년 제2차 세계 대전이 끝난 후 1991년 소련이 붕괴할 때까지 지속되었다. 마셜 플랜과 바르샤바 조약은 이 기간 동안 대부분의 국가에 큰 영향을 미쳤다. 마셜 플랜은 유럽을 재건하고 민주주의와 안정을 확립하는 데 도움이 되었으며, 바르샤바 조약은 소련이 동구권 국가들에 대한 영향력을 유지하는 데 도움이 되었고 서방과 동구권 간의 긴장을 고조시키는 데 기여했다.

조지 C. 마셜 미국 국무장관의 이름을 딴 마셜 플랜은 1948년부터 1952년까지 시행되었으며, 이 기간 동안 미국은 13개 유럽 국가에 130억 달러 이상의 원조를 제공했다. 이 자금은 도로, 교량, 공항, 공장, 병원을 건설하는 데 사용되었다. 또한 식량, 의약품 및 기타 필수품을 구입하는 데도 사용되어 유럽 재건에 크게 기여했다.

바르샤바 조약은 마셜 플랜을 유럽 내 공산주의 확산을 막으려는 미국의 시도로 간주한 소련이 주도한 군사 동맹이었다. 알바니아, 불가리아, 체코슬로바키아, 동독, 헝가리, 폴란드, 루마니아, 소련이 서명했다. 바르샤바 조약의 원칙 중 하나는 당사국 중 하나가 공격을 받으면 다른 모든 당사국이 공격받은 국가를 방어한다는 것이었다. 또한 당사국 간의 군사 협력과 정보 공유를 규정했다. 바르샤바 조약은 1991년 냉전 종식과 함께 해체되었다.

미국과 소련은 각자의 사상에 뿌리를 둔 초강대국으로서 이데올로기적 영향력으로 전 세계의 긴장을 고조시켰다. 대규모의 직접적인 군사 개입이 없었던 이 냉전 분쟁은 대리전, 스파이 활동, 군비 경쟁, 선전 캠페인 등 다양한 형태로 진행되었다. 한국전쟁(1950~1953년)과 베트남 전쟁(1955~1975년)은 두 초강대국이 양측을 지원하며 간접적으로 충돌한 대리전의 전형이다. 미국과 소련의 기술 경쟁을 상징하는 우주 경쟁과 핵무기 경쟁은 혁신을 촉진했지만 파국적 대결에 대한 두려움도 불러일으켰다. 예를 들어, 1962년 쿠바 미사일 위기는 소련이 쿠바에 핵미사일을 비밀리에 설치하면서 촉발되어 전 세계를 전면적인 핵전쟁 직전으로 몰아넣었다. 이 위기는 두 초강대국이 무분별한 확전의 위험성을 재평가하게 만든 중요한 순간이었다.

20세기 후반에 걸쳐 냉전 환경은 몇 가지 변화를 겪었다. 1970년대 데탕트 시기에는 전략무기제한회담(SALT)과 헬싱키 협정과 같은 외교적 이니셔티브를 통해 적대감이 일시적으로 해빙되는 모습을 볼 수 있었다. 그러나 1980년대 소련의 아프가니스탄 침공과 레이건 행정부의 강경 정책으로 긴장이 다시 고조되면서 이러한 유예 조치는 오래가지 못했다. 결국 소련의 경제 쇠퇴는 내부의 압력 증가와 미하일 고르바초프의 변혁적 리더십과 결합하여 1991년 소련의 해체로 이어지고 냉전의 종말을 고했다.

이 오랜 투쟁의 파급 효과로 전 세계가 지나간 시대의 흔적과 씨름하는 가운데 국제 관계를 계속 형성하고 있다.

한편, 1970년대 데탕트 시기를 틈타 1978년 덩샤오핑이 중국 공산당 제11기 중앙위원회 제3차 전체회의에서 '사회주의 시장 경제'로의 전환을 선언하면서 중국의 경제 개방이 시작되었다. 개혁의 주요 초점은 농업, 제조업, 서비스 부문을 개방하고 외국인 투자를 장려하는 것이었다. 또한 중국 정부는 가격 통제를 폐지하고 시장 메커니즘을 도입했다.

개혁은 중국 경제에 큰 성공을 거두었다. 개혁이 시작된 이후 중국의 국내총생산(GDP)은 10배 가까이 증가했으며, 중국은 세계에서 두 번째로 큰 경제 대국이 되었다. 이는 2001년 12월 11일 세계무역기구(WTO)에 가입한 덕분인데, 중국과 세계 무역 시스템 모두에 중요한 사건이었다. 또한 중국의 외국인 직접 투자(FDI)는 2001년 409억 달러에서 2021년 1,742억 달러로 꾸준히 증가하여 2001년부터 2021년까지 약 323% 증가했다.

중국의 경제 성장은 아시아, 유럽, 아프리카의 인프라 개발을 위해 2013년에 시작된 일대일로 프로젝트에 힘입어 중국이 본격적으로 경제적, 정치적 영향력을 대외로 확대할 수 있게 되었다. 이 이니셔티브에는 도로, 철도, 항만, 공항, 전력망 등의 프로젝트에 대한 투자가 포함된다. 중국은 또한 역내 국가 간 에너지 및 무역 교류를 촉진하기 위해 노력해 왔다. 일대일로는 중국의 부채 함정 외교의 한 형태라는 비판을 받기도 했지만, 중국은 이 이니셔티브에 대한 투자를 계속하고 있다. 러시아와 우크라이나 간의 전쟁은 일대일로를 러시아 영토로 확장할 수 있는 기회를 제공했다. 러시아가 중국의 블라디보스토크 항구 사용을 허용하기로 합의함에 따라 동쪽 해상 루트를 추진할 수 있는 기회가 생겼다.

2-2

신냉전의 지정학적 환경

신냉전 시대는 세계 주요 강대국 간의 경쟁이 부활하는 등 세계 세력 균형에 중대한 변화를 가져왔다. 중국의 부상, 러시아의 부활, 미국의 지속적인 영향력은 모두 긴장, 경쟁, 동맹으로 특징지어지는 복잡한 지정학적 지형 속에서 이루어지고 있다.

중국이 글로벌 초강대국으로 부상한 배경에는 빠른 경제 성장, 많은 인구, 군사력 확대가 있다. 일대일로 이니셔티브는 중국의 글로벌 영향력을 더욱 확대할 수 있는 기회를 제공했지만, 남중국해와 같은 영토 분쟁에서 중국의 공세와 군사력 증강은 역내 긴장을 고조시키고 이웃 국가와 미국 사이에 우려를 불러일으켰다.

반면에 러시아의 부활은 소련 붕괴 이후 글로벌 강대국으로 다시 자리매김하기 위한 노력으로 특징지어진다. 블라디미르 푸틴 대통령 아래 러시아는 군대를 재건하고 우크라이나, 조지아, 발트해 연안 국가 등 주변 국가에 대한 영향력을 확대하는 데 주력해 왔다. 또한 러시아는 시리아 분쟁에서 중요한 역할을 해 온 중동을 비롯한 다른 지역에서 미국과 동맹국과와는 다른 이해관계를 유지했다. 이러한 행동은 서방 국가, 특히 미국과 유럽연합의 긴장을 고조시켰다. 처음에는 특수 작전으로 시작되어 지금은 전면전으로 변한 러시아의 2022년 우크라이나 침공이 우크라이나의 경제와 평화에 큰 부정적인 영향을 미치고 있음은 분명하다.

글로벌 초강대국으로서 미국의 지속적인 영향력은 신냉전 시대의 핵심 요소로 남아 있다. 미국은 오랫동안 국제 정세를 주도해 왔지만 현재 중국과 러시아의 도전에 직면하고 있다. 이에 대응하기 위해 미국은 나토와 쿼드와 같은 동맹을 강화하기 위해 노력해 왔다. 2021년 1월, 바이든 행정부가 중국을 적으로 인정한 이후 쿼드 정상회의는 더욱 중요해졌다. 바이든 행정부는 쿼드를 미국·인도 태평양 정책의 중요한 측면으로 간주하고 그 역할을 확대할 계획이다. 이를 위해 쿼드는 미국, 한국, 일본 간의 동맹을 강화하고 있다.

쿼드는 안보 협의체가 아닌 재난 복구 지원 그룹으로 시작되었다. 2004년 인도양에 규모 9 이상의 지진이 발생하고 인도네시아와 스리랑카 등 해안 국가를 강타한 대규모 쓰나미로 인해 23만 명 이상이 사망한 사건이 그 기원이었다. 4개국(일본, 인도, 호주, 미국)이 피해 복구를 돕기 위해 힘을 합치면서 '쿼드'라는 개념이 탄생했다. 2012년 아베 신조 일본 총리는 동중국해와 남중국해에서 점점 더 도발적인 행동을 보이는 중국에 맞서 민주주의 가치를 공유하는 4개국이 집단 안보를 통해 중국을 견제해야 한다는 이른바 '민주주의 안보 다이아몬드'라는 아이디어를 구체화했다.

이러한 역학 관계의 결과로 신냉전 시대는 긴장, 경쟁, 동맹이 복잡하게 얽혀 있는 것이 특징이다. 각국은 이러한 환경을 계속 탐색하면서 자국의 이익을 보호하고 안정을 유지하면서 자국의 지정학적 목표를 추구할 것이다. 예를 들어, 미국, 중국, 러시아가 주요 행위자이지만 인도, 일본, 유럽연합 회원국, 중동, 동남아시아, 라틴아메리카의 국가들도 국제 관계의 복잡성을 가중시키는 데 기여하고 있다.

특히 인도는 남아시아의 주요 지역 강국으로 부상했으며, 중국을 제치고 세계에서 가장 인구가 많은 국가로 부상하는 등 글로벌 영향력을 점차 확대하고 있다. 인도는 미국, 일본, 호주, 중국과의 전략적 파트너십을 통해 중국의 부상에 대한 우려로 인해 인도·태평양 지역에서 더욱 적극적인 입장을 취하고 있다.

아시아 태평양 지역에서 미국의 핵심 동맹국인 일본은 안보 역량을 강화하고 역내 영향력을 확대하기 위해 노력해 왔다. 일본은 중국의 군사력 증강과 북한의 핵 위협에 대한 우려로 인해 미국 및 역내 다른 파트너들과의 동맹을 강화해 왔다.

유럽연합(EU)의 회원국들은 통일된 행위자는 아니지만, 그들의 집단적 경제력과 정치적 영향력은 세계 정치에 상당한 영향을 미치고 있다. EU는 최근 몇 년간 브렉시트, 민족주의 및 포퓰리즘 운동의 부상, 계속되는 이민 위기 등 수많은 도전에 직면해 있다. 또한 EU는 대서양 횡단 관계를 유지하면서 러시아의 유럽 침략에 대한 우려를 해소하기 위해 미국 및 러시아와의 관계를 탐색해야 했다. 러시아와 우크라이나 간의 전쟁은 EU에게 북대서양조약기구(NATO)를 통한 유럽 안보 협력을 시험할 기회를 제공했으며, 유럽이 미국, 러시아, 중국과의 국제 협력에서 단합된 모습을 보여 줄 수 있을지가 신냉전 시대의 딜레마가 되고 있다.

이란, 사우디아라비아, 터키와 같은 중동 국가들도 전략적 중요성과 역내 분쟁이 지속되고 있다는 점에서 신냉전에서 중요한 역할을 담당하고 있다. 이들 국가는 자국의 이익을 추구하고 동맹을 형성해 왔으며, 세계 지정학적 환경의 복잡성으로 인해 신냉전 시대의 국제 관계에 어떻게 대처하는지가 지정학적으로 중요한 역할을 할 수 있다.

베트남, 필리핀, 인도네시아 등 동남아시아 국가들은 중국의 영향력 확대에 따른 도전 과제를 해결해 나가고 있다. 동남아시아국가연합(ASEAN)은 동남아시아의 지역 경제 공동체이다. 라오스, 말레이시아, 미얀마, 베트남, 브루나이, 싱가포르, 인도네시아, 캄보디아, 태국, 필리핀이 회원국이며, 면적은 4,522,518㎢, 인구는 6억 6,700만 명에 이른다. 2022년 국내총생산은 10조 2,205억 달러이며 공식 언어는 영어이다. 2007년 1월, 아세안 국가들은 2015년까지 정치 및 안보 공동체, 경제 공동체, 사회 문화 공동체로 구성된 동남아시아 국가 공동체를 창설하기로 합의했다. 2008년 12월, 자카르타는 동남아시아의 중추적인 순간을 목격했다. 인도네시아의 수도에 모인 아세안 지도자들은 유럽연합(EU)과 같은 응집력 있는 연합체로의 전환을 구상했다. 이러한 열망은 2007년 11월에 체결된 조약으로 구체화되었으며, 아세안은 5억 명이 넘는 인구를 위한 단일 자유무역 지대를 만들겠다는 야심 찬 목표를 가진 법적 단체로 전환되었다. 수실로 밤방 유도요노 인도네시아 대통령은 다음과 같은 말로 이러한 변화의 정신을 요약했다:

"아세안이 시너지를 찾고, 사회 체제를 발전시키며, 진정으로 하나가

된다면 아세안은 기념비적인 발전의 문턱에 서게 될 것이다. 특히 격동적인 글로벌 시대에 지역 또는 더 광범위한 국제 문제에만 초점을 맞추지 않고 기후 변화와 글로벌 경제 문제 해결에 전략을 집중함으로써 동남아시아가 단결하고 번영하며 평화로운 시대를 열 수 있다."

이러한 정서는 아세안이 앞으로 나아갈 수 있는 토대를 마련했다.

마찬가지로 브라질, 멕시코, 아르헨티나와 같은 라틴 아메리카 국가들은 미국, 중국과 같은 글로벌 강대국과의 관계뿐만 아니라 지역적 역학 관계에 대해서도 고민하고 있다. BRICS는 2009년에 각 대륙을 대표하는 4개국으로 시작된 신흥 경제국 및 개발도상국의 경제 공동체이다. 원래는 브라질, 러시아, 인도, 중국 등 참여국 이름의 첫 글자를 조합한 브릭스(BRIC)로 불렸으나, 이후 남아프리카공화국이 추가되면서 브릭스로 명칭이 변경되었다. 이들 국가는 넓은 국토, 노동력, 풍부한 지하자원을 바탕으로 경제 대국으로 성장할 잠재력을 가지고 있다. 이들은 전 세계 인구의 42% 이상, 전 세계 GDP의 26%, 전 세계 FDI의 25%를 차지하는 세계 경제에서 중요한 신흥 세력이다.

2001년 중국은 중앙아시아의 정치, 경제, 안보 협력체인 상하이협력기구(SCO)를 설립하는 데 주도적으로 참여했다. 회원국은 중국, 인도, 카자흐스탄, 키르기스스탄, 러시아, 파키스탄, 타지키스탄, 우즈베키스탄 등이다. 아프가니스탄, 벨라루스, 이란, 몽골은 옵서버 자격을 갖고 있으며 아르메니아, 아제르바이잔, 캄보디아, 네팔, 스리랑카, 튀르키예는 대화 파트너이다. 이들 국가를 합치면 전 세계 인구의 40%, 전 세계 GDP의 25%를 차지한다. 지난 20년 동안 중국과 러시아의 주도 아래 군사적 신뢰 구축, 대테러 협력, 나토 확산 방지, 경제 통합 등의 과정을 통해 미국 주도의 국제 질서에 대응하는 주요 다자 안보 협력 기구로 발전했으며, 영토 보전, 내정 불간섭, 다자 국제 질서를 옹호하고 있다. 중국은 태평양에서 미국에 대한 중요한 완충 장치로 SCO를 적극 활용하고 있다. 지정학적으로 중국은 북부 대륙 지역과 태평양 연안에서의 안보가 매우 중요하며, 북부 지역의 안정을 보장하기 위해 SCO에 기대고 있다. 일대일로 이니셔티브를 완성하기 위해 중국은 2023년 5월 중앙아시아 5개국 정상들을 초청하여 긴밀한 협력과 투자를 약속했다.

　냉전 시대의 국가 간 연합은 주된 목적이 이념을 바탕으로 국가 안보를 중시했다면 신냉전 시대의 특징은 지정학적 안보뿐 아니라 다자국 간의 경제적 이익을 연계시키는 지정학적 정치경제를 초월한 연합을 시도하고 있다고 볼 수 있다.

2-3

은둔 왕국의 위험한 게임: 북한의 핵 벼랑 끝 전술

한국전쟁은 2차 세계 대전 이후 한국의 분단, 소련과 중국의 공산주의 부상, 미국과 이들 국가 간의 긴장 등 여러 요인이 복합적으로 작용하여 발생했다. 한반도는 제2차 세계 대전 이후 남북으로 분단되어 북한은 소련이 점령하고 남한은 미국이 통치했다. 남북한은 각각 별도의 정부를 수립했지만, 양측 모두 각자의 이념으로 한반도를 통일하고자 했기 때문에 긴장은 여전히 높았다. 즉, 공산주의와 민주주의는 이데올로기라는 이름으로 서로 대립했다.

1940년대 말과 1950년대 초, 소련과 중국은 전 세계에 공산주의의 확산을 추진했고, 미국은 이를 저지하기 위해 노력했다. 소련과 중국의 지원을 받은 북한은 한반도를 공산주의 통치하에 통일하고자 했고, 미국의 지원을 받은 남한은 민주 정부를 유지하고자 했다. 한국전쟁은 양측 군인과 민간인, 수십만 명의 중국군을 포함하여 수백만 명의 목숨을 앗아갔다. 이 전쟁은 심각한 정치적, 사회적 분열을 가져왔고, 결국 한반도는 정치 체제와 경제 구조가 매우 다른 두 지역, 즉 조선민주주의인민공화국

(북한)과 대한민국(남한)으로 분리되었다. 한반도의 두 지역은 여전히 서로를 국가로 인정하지 않는데, 이는 두 국가가 전투를 멈춘 시점이 적대 행위의 중단이 아닌 휴전 상태이기 때문이다. 이에 대해서는 다음 장에서 더 자세히 설명하겠다.

현재 북한의 가장 시급하고 위험한 도전은 핵무기 개발과 보유이다. 북한의 핵 프로그램은 20세기 후반에 시작되었으며 이후 북한의 국가 정체성과 글로벌 전략의 중요한 요소로 발전했다. 북한은 핵 능력이 미국 및 기타 위협으로부터의 잠재적 공격에 대한 억지력 역할을 한다고 주장한다. 그러나 이러한 무기의 개발, 실험, 보유는 수많은 유엔 안보리 결의를 노골적으로 위반하는 것이며, 북한을 더욱 고립시키고 지역 긴장을 악화시키는 것이다.

가장 유리한 결과를 얻기 위해 위험한 사건을 재앙으로 몰아가는 북한의 전술은 지난 수년간 북한의 외교 및 군사 전략에서 반복되는 주제가 되었다. 이러한 북한의 벼랑 끝 전술은 핵 프로그램 개발, 미사일 실험, 글로벌 강대국, 특히 미국 및 남한과의 상호작용에서 분명하게 드러난다. 북한은 위기를 틈타 국제 사회로부터 양보와 원조, 인정을 이끌어 내는 것을 목표로 삼는 경우가 많다. 은둔의 왕국은 핵실험과 미사일 발사를 강화하여 긴장을 거의 임계점까지 고조시킨 다음 제재 완화나 지원을 대가로 협상할 의향이 있음을 표시하지만, 이는 당면한 목표를 달성한 후에야 가능하다. 이러한 패턴은 수년 동안 반복되어 왔으며, 북한은 그때마다 핵 능력을 발전시켜 왔다. 2021년까지 북한은 40~50발의 미사일을 만들 수 있는 물질을 확보할 것으로 추정되며, 미국 본토에 도달할 수 있는 장거리 미사일 능력을 입증하기 위한 실험을 계속하고 있다. 이러한 놀라운 진전은 위험을 높이고 오산 또는 오인 위험을 증가시켜 치명적인 결과를 초래할 수 있다.

미국, 한국, 중국을 중심으로 한 국제 사회는 제재와 외교, 때로는 군사적 무력시위를 통해 이러한 도전에 맞서고 있다. 그럼에도 불구하고 영구적이고 평화적인 해결책을 찾기는 여전히 어렵다. 핵무기를 생존의 궁극적인 보장으로 여기는 북한이 핵무기를 폐기하도록 설득하는 것이 과제이며, 이는 예측하기 어려운 북한 지도부의 특성으로 인해 복잡한 과제이다. 북한의 도발 전술과 근본적인 동기를 이해하는 것은 이 시한폭탄을 해체하고 유라시아 지역과 그 너머의 평화와 안정을 확보하는 데 매우 중요하다.

최근 러시아와 우크라이나 간의 갈등은 전 세계에 영향을 미쳤으며 북한은 이를 면밀히 주시하고 있다. 은둔 왕국의 핵 전략은 동유럽의 갈등으로 인해 더욱 심화될 수 있는 '벼랑 끝 전술'의 고위험 게임이다. 이러한 접근 방식을 인식하고 대처하는 것은 세계 안정과 평화를 위해 매우 중요하다. 게다가 북한은 러시아의 침략에 대한 세계 강대국들의 반응을 관찰해 왔다. 국제 사회의 대응은 주로 경제 제재를 통해 이루어졌으며, 이러한 조치는 중요하지만 분쟁을 예방하거나 중단시키지는 못했다. 북한의 입장에서는 핵 능력이 다른 국가의 직접적인 군사 행동에 대한 일종의 '보험 정책'을 제공하는 중요한 억지력이라는 생각을 강화할 수 있다. 북한이 은둔의 왕국에서 대한민국을 비롯한 모든 국가와 소통할 수 있는 현명한 해법을 스스로 찾기를 바라며 이 책의 여정을 같이하길 바란다. 다시 말해 북한도 세계의 평화에 공헌할 수 있는 명분과 기회를 가지므로 안정된 국가 체제를 유지할 수 있을 것이다.

2-4

앞으로 나아가기: 신냉전 시대의 평화와 지속 가능성 추구 시대

신냉전 시대에도 모든 국가는 저마다 평화에 대한 정의를 가지고 있다. 특히 지정학적 긴장의 중심에 있는 국가들 간에 협력과 대화의 환경을 조성하는 것은 평화와 지속 가능성을 추구하는 데 필수적이다. 개방적이고 투명한 소통을 통해 신뢰를 쌓고 장벽을 허물며 기후 변화와 사이버 보안 위협과 같은 글로벌 과제를 해결하기 위한 공동 노력의 기반을 마련할 수 있다. 신냉전 시대에는 지속 가능한 개발이 우리 노력의 중심이 되어야 한다. 비무장 지대를 포함한 다양한 분야에서 지속 가능한 관행을 우선시함으로써 현재와 미래 세대의 필요를 모두 충족시킬 수 있다. 여기에는 재생 에너지에 대한 투자, 지속 가능한 인프라 프로젝트 지원, 책임감 있는 소비 및 생산 패턴 장려 등이 포함된다.

신냉전 시대의 도전에는 평화와 지속 가능성을 위한 공동의 노력과 집단적 행동이 필요하다. 국경, 문화, 세대를 초월하여 협력함으로써 우리는 지구촌을 위협하는 장애물을 극복하고 모두를 위한 더 밝은 미래를 만들 수 있다. 이를 위해서는 서로의 차이를 내려놓고 공통의 인류애를 포용하며 보다 평화롭고 정의로우며 지속 가능한 세상을 위해 힘을 합치려는 의지가 필요하다. 신냉전의 맥락에서 평화와 지속 가능성을 추구하는 것은 복잡하고 어려운 과제이지만, 지구와 인류의 안녕을 위해 반드시 필요한 일이다.

디지털 선구자로서 젊은 세대는 평화와 지속 가능성을 추구하는 데 중요한 변화를 주도할 잠재력을 가지고 있다. 기성세대와 정부는 이들에게 자원, 교육, 혁신의 기회를 제공함으로써 우리가 직면한 도전에 대한 새로운 해결책을 개발할 수 있도록 힘을 실어 줄 수 있다. 이들의 디지털 영향력, 창의적 사고, 적응력은 보다 평화롭고 지속 가능한 세상을 만드는 데 귀중한 자산이 될 것이다. 냉전 시대의 젊은이들은 만연한 핵무기의 공포와 동서양 간의 만연한 이데올로기 투쟁에 깊은 영향을 받았다. 신냉전의 맥락에서 젊은이들은 다른 도전에 직면해 있다. 디지털 기술과 소셜 미디어의 부상은 소통과 협업을 위한 새로운 기회를 창출했지만, 동시에 사이버 위협과 허위 정보에 노출되기도 했다.

신냉전 시대는 또한 공통의 도전 과제를 해결하기 위한 글로벌 공존의 중요성을 강조한다. 이러한 도전 과제 중 하나는 국제 외교에서 점점 더 중요한 이슈가 되고 있는 기후 변화이다. 전 세계 국가들은 기후 변화의 영향을 완화하고 저탄소 경제로의 전환을 위해 지속 가능한 솔루션에 대한 협력이 시급하다는 것을 인식하고 있다.

신냉전 시대에는 특히 북극에서 천연자원을 둘러싼 경쟁이 더욱 심화될 것이다. 얼음이 계속 녹으면서 이전에는 접근할 수 없었던 석유, 가스, 광물 등의 자원이 드러나면서 영토 분쟁과 지정학적 경쟁이 촉발될 것이다. 북극을 통과하는 새로운 항로가 열리면 글로벌 무역 역학 관계도 재편될 가능성이 있다. 천연자원, 특히 화석 연료의 개발은 온실가스 배출을 증가시켜 기후 위기를 악화시킨다. 따라서 자원 추출과 환경 보호 사이의 균형을 맞추기 위한 협력과 외교가 가장 시급하다.

이러한 맥락에서 재생 에너지 기술은 핵심 경쟁 분야로 부상했다. 각국이 탄소 발자국을 줄이고 친환경 에너지원으로 전환하기 위해 노력함에 따라 재생 에너지 솔루션을 개발하고 배포하기 위한 경쟁이 치열해졌다. 이러한 경쟁은 혁신을 촉진하고 비용을 절감하며 전 세계적으로 청정 에너지에 대한 접근성을 확대할 수 있는 잠재력을 가지고 있다. 또한 재생 에너지 분야에서 협력할 수 있는 기회도 있다. 각국은 기술, 전문 지식, 모범 사례를 공유함으로써 자원을 둘러싼 잠재적 갈등을 최소화하면서 기후 위기를 해결하기 위해 함께 노력할 수 있다. 궁극적으로 신냉전 시대는 환경 분야에서 도전과 기회를 동시에 제시할 것이다. 각국이 대화와 외교, 협력을 촉진함으로써 자원 경쟁과 지정학적 경쟁으로 인한 위험을 완화하는 동시에 기후 변화라는 시급한 문제를 해결하기 위해 함께 노력해야 할 때이다.

신냉전 시대를 헤쳐 나가면서 한 가지 의문이 남는다. 유라시아 국가들이 평화롭게 공존할 수 있는 방법을 찾을 수 있을까? 아니면 이들의 경쟁이 우리가 알고 있는 세계를 변화시킬까? 평화와 지속 가능한 발전을 위해서는 각국의 이해관계에 따라 분쟁과 충돌을 진정시킬 수 있는 완충 지대가 절실히 필요하다. 이제 완충 지대를 찾기 위한 여정을 시작해야 할 때이다.

2-5

신냉전 및 비무장 지대

신냉전의 지정학적 환경이 변화함에 따라 한국의 비무장 지대는 미국, 중국, 러시아 간의 광범위한 지정학적 투쟁의 상징으로서 그 중요성이 더욱 커지고 있다. 미국은 한국전쟁 이후 한국에 강력한 군사력을 유지해 왔으며, 일부 전문가들은 이를 북한의 잠재적 침략에 대한 억지력으로 보고 있다. 그러나 중국과 러시아는 미군의 주둔을 자국의 안보와 지역 이익에 대한 잠재적 위협으로 간주하고 있다. 또한 북한의 핵무기와 탄도 미사일 능력 추구는 역내 긴장을 더욱 악화시키고 있다. 북한의 핵 프로그램은 한국과 미국뿐만 아니라 이웃 국가인 중국과 러시아도 우려하고 있다. 핵 확산을 방지하고 핵 감축을 촉진하기 위해 더 많은 조약을 체결하고 더 많은 노력을 기울여야 한다.

핵 확산과 핵 감축이 세계 평화와 안보에 있어 반드시 해결해야 할 중요한 문제라는 것은 의심의 여지가 없다.

한국의 비무장 지대에서 얻은 교훈을 우크라이나-러시아 분쟁에 적용하려면 몇 가지 핵심 요소를 고려해야 한다. 남북 정상회담과 대화가 한반도 긴장 완화에 결정적인 역할을 한 것처럼 우크라이나와 러시아 간의 외교적 관여와 지속적인 대화, 그리고 다른 지역 및 글로벌 이해당사자들의 참여가 평화 증진에 필수적이다. 우크라이나와 러시아 사이에 비무장 지대를 설정하려면 양국이 국경을 따라 병력 감축, 정보 공유, 상호 신뢰와 투명성을 보장하기 위한 공동 모니터링 이니셔티브와 같은 신뢰 구축 조치를 취해야 할 것이다.

또한 경제 협력과 개발을 촉진하면 러시아와 우크라이나가 종전 후 회복하는 데 도움이 될 것이다. 우크라이나와 러시아 간의 공동 경제 프로젝트와 인프라 개발은 협력의 기회를 창출하고 성장을 촉진하며 지역의 전반적인 안정에 기여할 수 있다. 이러한 상호 이익을 확보하고 전후 빠른 회복이 러시아의 에너지 공급과 우크라이나의 식량 공급을 회복함으로써 세계 경제를 안정시키는 데 도움이 될 것임은 분명하다. 사회적 조정 측면에서도 한국의 비무장 지대가 남북한 간 문화 및 교육 교류의 플랫폼을 제공하는 것처럼 유라시아 지역의 비무장 지대는 장벽을 제거하고 고정관념을 해소하며 상호 이해를 증진함으로써 우크라이나와 러시아 간 인적 교류를 촉진할 수 있다.

한국의 비무장 지대는 분단과 희망을 동시에 품고 있는 지정학의 복잡성을 보여 주는 가슴 아픈 증거이다. 우크라이나-러시아 평화 협상 시나리오에 직접적인 모범을 제시하지는 못하지만, 이 상징적인 경계에서 얻은 통찰력과 교훈은 다른 불안정한 지역에서 평화와 협력을 촉진하는 길을 밝힐 수 있다. 신냉전 시대의 맥락에서 한국 비무장 지대의 미묘한 차이를 살펴볼 때, 분단의 장벽에서 평화, 지속 가능성, 동반 성장의 통로로 변모할 수 있는 잠재적 변화를 상상하는 것이 중요하다. 한국 DMZ의 설립 및 발전에서 얻은 교훈과 통찰력은 귀중한 관점을 제공한다. 이러한 이해는 우크라이나와 러시아 사이에 장기적인 평화와 협력을 촉진하기 위한 DMZ와 유사한 해결책을 상상하는 것과 같은 유사한 평화 구축 노력을 고려할 때 디딤돌이 될 수 있다.

신냉전 시대에는 디지털 경쟁이 글로벌 경쟁의 중요한 측면이 되었으며, 각국은 기술 우위를 차지하기 위해 노력하고 있다. 디지털 환경이 진화함에 따라 강력한 네트워크 보안 조치에 대한 필요성도 커지고 있다. 네트워크 보안 비무장 지대(DMZ)는 민감한 정보를 보호하고 디지털 시스템의 무결성을 유지하는 데 중요한 역할을 한다. 각국은 강력한 네트워크 보안의 필요성과 환경 지속 가능성이라는 시급한 문제 사이의 균형을 맞춰야 하는 과제에 직면해 있다. 디지털 환경에서의 경쟁이 심화되고 사이버 위협이 더욱 정교해짐에 따라 중요 인프라와 민감한 정보를 보호하는 것의 중요성은 결코 과소평가할 수 없다.

동시에 디지털 경제와 ICT 부문의 급속한 성장으로 에너지 소비와 탄소 배출이 크게 증가하면서 지속 가능한 실천에 초점을 맞춰야 한다. 신냉전 시대에는 안보와 지속 가능성의 균형을 맞추기 위한 국제적 협력도 필요하다. 각국은 사이버 보안에 대한 글로벌 규범과 표준을 수립하고 위협 정보를 공유하며 공동 방어 전략을 개발하는 동시에 기후 변화에 대응하고 지속 가능한 개발을 촉진하기 위해 협력해야 한다.

MZ세대는 신냉전 시대의 복잡성을 헤쳐 나갈 뿐만 아니라 미래의 디지털 환경을 능동적으로 형성하고 있다. 이들은 혁신과 창조를 지속하면서 기술과 애플리케이션에 대한 새로운 표준을 정립하고 인공지능, 가상 현실, 재생 에너지 등의 분야에서 가능성의 한계를 뛰어넘는 동시에 지속 가능성과 사회적 영향력을 핵심으로 삼고 있다. 오늘날 이들의 행동은 미래의 세계를 형성하고 있으며, 더욱 연결되고 포용적이며 지속 가능한 글로벌 커뮤니티를 위한 발판을 마련하고 있다. 따라서 MZ세대는 디지털 전문성, 환경에 대한 헌신, 글로벌 관점을 활용하여 변화를 주도하고 혁신을 촉진함으로써 신냉전의 도전과 기회를 탐색할 수 있는 독보적인 위치에 있다.

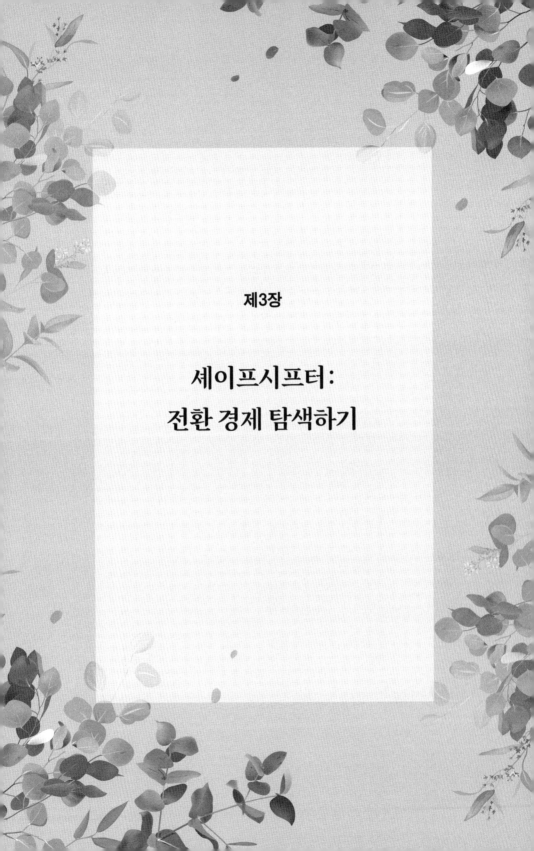

제3장

셰이프시프터:
전환 경제 탐색하기

3장에서는 역사적 유산과 미래 비전이 얽혀 있는 전환 경제의 복잡한 역학 관계를 살펴본다. 냉전 시대 이후 중대한 경제 변화를 겪고 있는 국가들이 보여 준 회복력과 혁신에 대해 조명한다.

경제는 변화하는 글로벌 환경의 요구를 충족하기 위해 적응하고 변화하는 유동적인 상태의 실체와 같다. 이 장에서는 이 복잡한 과정을 네 부분으로 나누어 설명한다. 첫째는 구 공산주의 경제가 시장 지향적 모델로 전환하는 과정을 면밀히 살펴보고 지속 가능성에 대한 이야기다. 둘째는 현대에 전개되고 있는 또 다른 중대한 변화, 즉 디지털 혁명에 대해 살펴본다. 이는 경제가 어떻게 전통적인 부문에서 디지털 플랫폼으로 전환하여 현대판 골드러시를 일으키고, 가치를 재정의하며, 경제 모델의 경계를 넓히고 있는지 살펴본다. 셋째는 전환 경제가 기후 변화에 대응하고 미래 성장을 보장하기 위해 녹색 혁명을 촉진하기 위해 어떻게 혁신하고 있는지 분석한다. 마지막으로 이러한 전환 경제와 앞장에서 언급한 세 개의 비무장 지대(DMZ)를 연결하여 이 지역이 지속 가능한 개발, 경제 성장, 평화를 위해 전환 경제의 적응적이고 변혁적인 측면을 어떻게 활용할 수 있는지 살펴본다.

3-1

공산 국가들의 시장 경제 참여: 전환 경제의 발전

전환 경제는 사회주의나 공산주의에 뿌리를 둔 중앙 계획 구조에서 일반적으로 자본주의를 수용하는 시장 지향 경제로 진화하는 경제 시스템이다. 이러한 변화는 정치적 진화, 경제 개혁, 외부 압력 등 다양한 요인에 의해 영향을 받는다. 이러한 전환은 도전과 기회를 동시에 제시하지만, 과거 공산주의 체제 아래 있던 국가들이 자유 시장 경제를 향해 나아가는 과정은 전 세계적으로 관찰되었다. 전환 경제 국가는 동유럽(CEE)과 구소련 국가, 독립국가연합 15개국, 동아시아 5개국(캄보디아, 중국, 라오스, 몽골, 베트남), 라틴 아메리카 1개국(쿠바)이 포함된다.

공산주의나 권위주의 체제에서 자유 시장 체제로의 전환은 경제 및 사회 구조에 중대한 변화를 수반하는 복잡하고 어려운 과정이다. 전환 경제는 시장 원리에 따른 가격 자유화, 국영 기업의 민영화, 재산권 및 시장 경쟁을 위한 법적 프레임워크 구축, 외국인 직접 투자(FDI)를 포함한 대외 무역 자유화, 기업 지배 구조 시스템과 같은 사유 재산권 강화를 위한 추가 메커니즘 구현, 상품, 노동 및 자본 시장의 효과적인 기능(외환 시스템, 경쟁 정책 및 실업 보호) 등 지속적인 개혁이 특징이다. 전환 경제는 종종 전환 초기에 높은 인플레이션, 높은 실업률, 경제 생산량 감소와 같은 문제에 직면하기도 한다.

첫 번째 단계는 종종 가장 고통스러운 국유 기업의 해체이다. 공산주의 경제에서 국영 기업은 고용과 경제 생산의 대부분을 차지한다. 국영 기업이 폐쇄되거나 민간 기업으로 전환되면 대규모 실직으로 이어져 즉각적이고 실질적인 사회적, 경제적 혼란을 야기하는 경우가 많다. 즉각적인 영향은 실업률의 급격한 증가이며, 이는 사회 불안을 촉발하고 사회적 비용을 완화하기 위해 정부의 강력한 개입을 요구할 수 있다.

두 번째 단계는 경쟁적 시장 경제의 확립은 시장 시스템이 작동하는 데 필요한 규제 프레임워크와 제도를 만드는 것을 수반한다. 여기에는 재산권 및 경쟁법 제정부터 투자와 저축을 촉진할 수 있는 신뢰할 수 있는 금융 시스템 구축까지 모든 것이 포함된다. 이 과정은 수년, 심지어 수십 년이 걸릴 수 있으며 신중하고 신중한 계획과 실행이 필요하다.

전환의 마지막 단계는 중앙 계획 사회에서 시장 중심 사회로의 문화적, 심리적 전환을 수반하는 경우이다. 이를 위해서는 사람들이 기업가이자 소비자로서의 새로운 역할을 받아들이고 경쟁, 혁신, 위험을 수용해야 한다. 이러한 변화는 특히 기존 시스템의 보안에 익숙한 기성세대에게는 어려울 수 있지만, 새로운 시장 경제의 성공적인 작동을 위해서는 반드시 필요하다.

이러한 전환이 순조로운 경우는 드물며 각 국가의 경험은 역사적, 문화적, 정치적 맥락의 영향을 받아 고유한 전환 경제 과정을 가지고 있다. 전환의 속도와 깊이는 공산주의 이데올로기에 대한 거부와 정치 엘리트의 변화를 동반한 혁명을 경험한 국가(대부분의 CEE 국가, 러시아, 에스토니아, 라트비아, 리투아니아, 아르메니아, 조지아, 캄보디아)의 정치적 상황에 따라 크게 달라진다. 정부는 사회주의에서 자본주의로의 전환을 관리하는 데 중요한 역할을 한다. 특히 중국, 베트남, 아제르바이잔, 카자흐스탄, 투르크메니스탄, 우즈베키스탄, 타지키스탄, 쿠바 및 공산주의 엘리트가 정치권력을 유지할 수 있었던 국가에서는 급격한 변화와 느리고 점진적인 변화등 다양한 정부 전환 전략이 시행되었다. 체제 전환 과정은 내전(예: 구 유고슬라비아, 타지키스탄, 캄보디아), 이웃 국가 간의 군사적 충돌(아제르바이잔과 아르메니아) 또는 독립(조지아와 러시아)으로 특징지어졌다.

중앙 계획 경제에서 시장 중심 체제로 전환하는 국가는 일반적으로 '급격한' 전환 또는 보다 신중한 '점진적' 전환이라는 두 가지 접근 방식 중 하나를 채택한다. 각 전략에는 고유한 방법, 장점, 복잡한 과제가 있다.

소련 붕괴 이후 러시아와 같은 국가들은 대담한 여정을 시작했다. 러시아는 시장 지향적 개혁을 거의 즉각적으로 도입하는 '빅뱅'이라는 빠른 전환 방식을 선택했다. 이 방식은 기존 시스템의 비효율성을 빠른 속도로 제거하는 것을 목표로 했다. 예를 들어, 시장 가격이 즉시 자유화되고 대규모 국영 부문이 민영화되었으며 시장 중심 법률이 신속하게 도입되었다. 이러한 역동적인 전략은 개혁에 위협을 가하는 과거 정권의 영향력 있는 인사들을 빠르게 무력화시키고 외국인 투자자들에게 매력적인 국가로 만들 수 있다는 장점이 있었다. 하지만 급격한 변화는 양날의 검이었다. 많은 국가가 실업률 급증, 인플레이션, 생활 수준 저하 등 경제난에 시달렸다. 특히 민영화 과정에서 투명성이 뒷전으로 밀려난 러시아에서는 악명 높은 '과두 정치인'이 생겨났고, 이들은 러시아 경제의 상당 부분을 장악했다.

반면에 점진적 전환 경제는 경제 전환을 위해 더 느리고 신중한 접근 방식을 선택한다. 주요 특징으로는 점진적인 가격 및 무역 자유화, 즉 장기간에 걸쳐 시장 결정 가격 및 무역 자유화로 전환하고 초기 전환 단계에서는 국가가 주요 부문에 대한 일부 통제권을 유지하는 것, 국영 기업의 단계적 민영화, 잠재적 일자리 손실과 같은 전환의 사회적 영향을 국가가 관리할 수 있도록 장기간에 걸쳐 단계적 민영화, 은행 및 금융 시스템에 점진적 변화를 도입하여 안정성을 보장하고 기관과 개인이 새로운 경제 구조에 적응할 시간을 주는 점진적 금융 개혁이 있었다.

급격한 변화를 겪고 있는 두 나라의 경제를 자세히 살펴보자.

1989년 새해가 밝았을 때 폴란드는 치솟는 인플레이션, 국영 부문이 주를 이루는 경제 구조, 극심한 원자재 부족으로 인해 급진적인 개혁이 시급하다는 신호로 경제난에 시달리고 있었다. 이 문제를 해결하기 위해 레섹 발체비츠 재무부 장관은 1990년 '충격 요법' 전략을 발표했다. 이 대담한 계획에는 가격 자유화, 보조금 삭감, 전환 통화 도입 등 다양한 신속한 개혁이 포함되었으며, 엄격한 재정 및 통화 조치를 통해 이를 뒷받침했다.

이러한 조치로 인해 처음에는 경제가 위축되고 실업률이 급증했지만 1990년대 중반이 되자 폴란드는 새로운 길을 걷기 시작했다. 일련의 구조 개혁을 통해 경제를 안정시키고 초인플레이션을 억제했을 뿐만 아니라 급성장하는 시장 메커니즘을 위한 발판을 마련했다. 폴란드는 글로벌 통합을 염두에 두고 유럽연합 가입을 추진했고, 2004년 마침내 유럽연합에 가입하는 쾌거를 이루었다. 이 통합은 폴란드가 1989년 이전의 GDP 수준을 회복한 최초의 공산주의 이후 시장 전환 추진 국가가 되었다는 점에서 폴란드의 회복력을 입증하는 증거였다. 가장 인상적인 것은 2008년 글로벌 금융 혼란기에 폴란드는 EU 국가 중 유일하게 경기 침체를 피한 국가로 부상했다는 점이다. 오늘날 폴란드의 이야기는 회복력과 성장의 힘, 그리고 글로벌 경제 구조로의 성공적인 통합에 대한 영감과 증거가 되고 있다.

러시아는 급진적 전환 경제를 시도하였으나 지속적인 경제 발전에 위험성을 노출시켰다.

1991년 소련 붕괴 이후 러시아는 경제, 정치, 사회적 격변의 소용돌이에 빠져들었다. 한때 막강했던 소련 정권의 그림자가 짙게 드리워진 가운데 보리스 옐친의 초기 정부는 흔들리는 국가를 안정시켜야 하는 막중한 임무에 직면했다. 구소련 시대의 계획 경제 족쇄를 신속히 벗어던지기로 결심한 옐친 정부는 흔히 '충격 요법'이라고 불리는 급속한 전환이라는 대담한 계획을 시작했다.

첫 번째 명령이 시행되자 러시아 경제는 큰 충격을 받았다. 국가가 엄격하게 통제하던 가격이 갑자기 자유화된 것이다. 구소련 권력의 상징이었던 수많은 국영 기업이 역사상 가장 야심 찬 민영화 추진으로 인해 빠르게 매각되었다. 한편, 소련 경제를 고립시켰던 장벽이 무너지면서 대외 무역의 시대가 열렸다.

그러나 큰 변화에는 큰 결과가 따랐다. 이 초고속 개혁의 초기 후유증은 엄청났다. 초인플레이션이 치솟아 평범한 러시아인들의 소비력을 빠르게 잠식했다. 한때 적당히 안정적이었던 생활 수준은 급격히 떨어졌고, 많은 사람들이 빈곤의 늪으로 빠져들었다. 그러나 이러한 경제적 소용돌이 속에서 새로운 부류의 권력자, 즉 과두 정치인이 등장했다. 이들은 투명성이 결여된 급격한 민영화로 인해 막대한 부를 빠르게 축적하여 국가의 자원과 산업의 상당 부분을 장악했다.

장기적으로 이 격동의 시기의 그림자는 지속되었다. 러시아는 시장 경제로 전환했지만, 그 여정에는 많은 어려움이 있었다. 소득 불평등의 격차는 더욱 커졌고, 깊이 뿌리내린 부정부패는 만연한 병폐가 되었다. 경쟁 관행의 부재는 많은 분야에서 혁신을 저해했다. 게다가 러시아 경제는 광활한 영토와 잠재력에도 불구하고 천연자원에 불가분의 관계에 놓이게 되었다. 다각화 노력이 지지부진한 가운데서도 석유와 가스는 러시아의 검은 황금이자 푸른 금으로 생명줄이 되었다.

돌이켜 보면 러시아의 '충격 요법' 접근법의 위험성은 분명하며, 탈공산주의 환경에서 경제 전환의 복잡성에 대한 경고를 제공한다.

이 두 국가의 사례는 갑작스러운 전환 경제 전략의 다양한 결과를 보여주고 초기 경제 상황, 개혁의 설계 및 실행, 전환 과정 중 사회적 영향 관리와 같은 요소의 중요성을 강조한다.

다음으로 점진적인 경제 전환을 선도하고 있는 중국과 카자흐스탄의 사례를 살펴보자.

중국은 점진적 전환 경제를 채택함으로 점진적인 개혁과 지속적인 경제 성장에 성공하였다.

1978년, 덩샤오핑의 비전 아래 중국은 기념비적인 변화의 정점에 서 있었다. 농업에 뿌리를 두고 세계 최빈국 중 하나라는 무거운 짐을 짊어지고 있던 중국은 변화의 벼랑 끝에 서 있었다. 주로 농업에 의존하는 방대한 인구는 현대 경제와 분리된 거대한 틈새를 바라보고 있었다. 하지만 덩은 급격한 격변이 아니라 신중하고 조심스럽게 발전해 나가야 한다는 비전을 갖고 있었다.

덩샤오핑은 낡은 것과 새로운 것의 균형을 맞추는 미묘한 '이중 경로' 전략을 옹호했다. 국가가 핵심 부문에 대한 통제력을 유지하는 동안 다른 부문에는 숨통을 틔워 시장의 역동성이 뿌리내릴 수 있도록 했다. 농업 개혁이 시작되면서 생산성이 극적으로 향상되는 등 농촌에서 첫걸음이 시작되었다. 그러나 덩의 야망은 경제특구 또는 경제특구 설립이라는 더 큰 목표를 향해 나아갔다. 외국인 투자를 끌어들이는 경제특구는 성장과 혁신의 중심지가 되었고, 이는 개방된 중국의 잠재력을 보여 주는 증거가 되었다.

덩샤오핑의 접근 방식이 얼마나 현명한지는 곧 분명해졌다. 다른 나라에서 갑작스러운 개혁에 수반되는 혹독한 경기 침체가 종종 발생했던 것과 달리 중국은 그러한 함정을 피했다. 대신 초기 개혁은 촉매제 역할을 하며 효율성을 높이고 성장을 촉진했다. 특히 경제특구는 빠른 발전과 현대화를 보여 주며 중국이 이룰 수 있는 것을 보여 주는 등대가 되었다.

수십 년이 흐르면서 중국의 성장세는 가히 폭발적이었다. 광활한 농촌에서 거대한 도시들이 생겨났고, 농경 사회에서 글로벌 경제 강국이 탄생했다. 세월이 흐르면서 중국의 끊임없는 성장 궤적은 놀라운 수의 국민을 빈곤의 굴레에서 벗어나게 했고, 중국은 세계 2위의 경제 대국으로 발돋움했다. 하지만 전 세계가 경외심을 갖고 지켜보는 가운데서도 그 여정은 아직 끝나지 않았다. 오늘날에도 국가 통제와 시장 자유 사이의 복잡한 정책은 계속되고 있으며, 이는 중국의 독특하고 지속적인 전환의 여정을 진행 중이다.

소련의 해체 후 독립국 중 점진적 전환 경제를 모범적으로 실행한 국가 중 카자흐트탄을 살펴보자.

중앙아시아의 경제 전환은 1991년 소련 붕괴 이후 이 지역 5개국(카자흐스탄, 키르기스스탄, 타지키스탄, 투르크메니스탄, 우즈베키스탄)에서 발생한 경제 전환기를 말한다. 체제 전환 이전에는 이들 국가는 소련 경제 시스템과 밀접하게 통합된 중앙 계획 경제를 운영했다. 중앙 계획 경제에서 시장 중심 경제로의 전환은 보다 효율적이고 경쟁력 있는 경제를 만들기 위한 목표와 함께 이루어졌다. 카자흐스탄은 소련 붕괴 이후 중앙 계획 경제에서 시장 중심 경제로 가장 빠르게 전환한 중앙아시아 국가이다.

중앙아시아는 중국 정부의 일대일로(一帶一路) 프로젝트의 핵심 지역으로 급부상하고 있다. 시진핑 중국 국가 주석은 2013년 9월 카자흐스탄에서 일대일로 이니셔티브를 처음 발표했다. 이는 카자흐스탄의 나자르바예프 전 대통령이 제안한 내용이다.

가장 중요한 개혁 중 하나는 경제에서 국가의 역할을 줄이고 보다 경쟁력 있는 비즈니스 환경을 조성하기 위해 국영 기업을 민영화하는 것이었다. 또 다른 주요 개혁은 경쟁을 촉진하고 외국인 투자에 대한 장벽을 낮추는 것을 목표로 한 무역 자유화였다. 카자흐스탄은 2015년에 세계무역기구(WTO)에 가입하여 경제를 국제 무역에 더욱 개방했다. 또한 수출의 60% 이상을 차지하는 석유 및 가스 부문에 대한 의존도를 낮추고 농업, 제조업, 서비스업 등 다른 부문을 발전시키기 위해 경제 다각화 정책을 추진했다. 이러한 개혁의 결과로 카자흐스탄 경제는 2000년대 초반부터 상당한 성장을 이루었다. 2000년부터 2013년까지 카자흐스탄의 1인당 GDP는 연평균 9.1% 성장하여 세계에서 가장 빠르게 성장하는 경제국 중 하나가 되었다. 2019년 카자흐스탄의 GDP는 약 1,800억 달러로, 세계은행은 카자흐스탄을 중상위 소득 국가로 분류했다.

요약하자면, 카자흐스탄은 소련 붕괴 이후 보다 효율적이고 경쟁적이며 시장 지향적인 경제를 만들기 위해 상당한 경제 개혁을 단행했다. 이러한 개혁은 지속적인 경제 성장으로 이어졌지만 카자흐스탄은 여전히 경제를 다각화하고 소득 불평등과 부패를 해결하는 데 어려움을 겪고 있다. 카자흐스탄은 30년간의 경제 위기와 개발 과정에서 경쟁력 있는 경제 모델을 만들기 위해 여러 시장 경제 시스템을 도입했다. 이러한 노력으로 세계은행의 연례 기업하기 좋은 나라 순위(2020)에서 중국(31위)과 러시아(28위)를 제치고 25위를 차지하게 되었다.

전환 과정의 시작이 최소한 일부 조치의 시작(예: 민간 기업 설립)으로 명확하게 표시되는 경우 전환 과정의 종료는 적절하게 정의되지 않는다. 유럽연합 가입으로 10개국(불가리아, 체코, 에스토니아, 헝가리, 라트비아, 리투아니아, 폴란드, 루마니아, 슬로바키아, 슬로베니아)의 공산 국가에서 전환 경제국으로 과정이 공식적으로 마무리되었다. 그러나 이들 국가에서도 수십 년 동안 유지한 사회주의 경제의 일부 유산, 즉 노동법 요소, 노동 태도 등 아직도 존재하고 있다. 경제 전환을 위한 최선의 방법은 없으며, 급속한 접근 방식과 점진적인 접근 방식 모두 장단점이 있고 그 결과는 각 국가의 고유한 상황에 따라 크게 달라지는 걸 알 수 있다. 그러나 많은 국가들이 어려움에도 불구하고 시장 경제의 역동성과 기회를 수용하는 동시에 잠재적인 단점을 완화하기 위해 노력하면서 녹색 경제로의 전환을 성공적으로 이루어 내고 있다.

다양한 국가의 과도기적 여정은 귀중한 인사이트를 제공하며, 성공의 교훈과 템플릿이 될 수 있다. 이러한 교훈은 경제 구조의 병행적 변화를 고민하는 국가들에게 특히 중요하다. 서구의 자유주의 경제 모델을 지향하는 국가들이 발전 경로에서 진전을 이루며 러시아의 국경에 점점 더 가까워지고 있음은 분명하다. 한편, 러시아는 군산복합체와 에너지 중심 경제에 크게 의존하고 있는 게 현실이다.

그러나 1991년 유라시아 대륙에서 소련의 지배에서 벗어난 국가들을 되돌아보면 적절한 질문이 떠오른다. "이들 국가가 자국민의 경제와 복지를 보장하기 위해 충분히 협력하고 있는가?", "경제 전환에 대한 보다

응집력 있고 신중한 접근 방식을 통해 더 큰 이익을 거둘 수는 없는가?"이
다. 예를 들어 아직도 국가의 부정부폐 지수와 투명성 문제에 있어 세계
은행의 연례 보고서를 보면 아쉽게도 아직도 하위권에 있다.

3-2

새로운 골드러시: 디지털로 변화된 경제

디지털 시대의 도래로 물리적 경계를 초월하여 1과 0의 영역에서 작동하는 새로운 유형의 경제가 탄생했다. 4차 산업 혁명이라고도 불리는 이 디지털 경제는 새로운 골드러시가 되어 경제 성장, 혁신, 사회 변화를 위한 막대한 기회를 제공하고 있다. 이러한 변화의 중심에는 가치가 창출되고 교환되는 방식의 근본적인 변화가 있다. 전통적인 경제에서 가치는 일반적으로 물리적 자산이나 인간의 노동력에서 파생된다. 하지만 디지털 경제에서는 데이터가 새로운 통화이다. 정보를 효과적으로 수집, 분석, 배포하면 막대한 부와 권력의 원천이 될 수 있다.

블록체인 기술과 암호화폐는 경제에 지대한 영향을 미치는 중대한 기술적 변화를 의미한다. 블록체인은 탈중앙화된 제어, 투명성 향상, 보안 강화를 약속하며 거래, 계약, 기록 보관에 새로운 방식을 요구한다. 디지털 세대가 이러한 기술을 점점 더 많이 수용함에 따라 전환 경제는 계속해서 구체화되고 있다. AI와 빅데이터는 경제적, 정치적 지배의 도구가 되고 있다. 이러한 기술의 통제와 활용은 산업을 형성하고 사회 구조에 영향을 미치는 경쟁 우위를 제공할 수 있다. 이러한 변화는 중대한 도전 과제를 동반하기도 한다. 그중 가장 큰 문제는 디지털 기술에 접근할 수 있는 사람과 그렇지 않은 사람 사이의 격차, 그리고 디지털 전환에서 빠르게 성장하는 국가와 그렇지 않은 국가 사이의 격차인 디지털 격차이다. 사이버 보안은 또 다른 시급한 문제이다. 경제 활동이 온라인으로 이동함에 따라 사이버 범죄와 사이버 전쟁의 위협도 증가하고 있다. 디지털 인프라의 안전과 개인 데이터의 프라이버시를 보장하는 것은 기술적 솔루션과 규제 조치가 모두 필요한 과제이다. 마지막으로 경제적 집중과 불평등 문제가 있다. 디지털 시장은 '승자독식' 결과를 선호하는 경향이 있어 소수의 주요 플레이어가 시장을 지배하게 된다. 이는 경쟁을 억압하고 국가 내 또는 국가 간 불평등을 악화시킬 수 있다.

디지털 경제로의 전환은 엄청난 기회를 제공하는 복잡한 과정인 동시에 상당한 도전 과제를 안고 있다. 정책 입안자들은 디지털 경제의 이점을 널리 공유하고 잠재적인 단점을 완화하기 위해 혁신 촉진과 위험 관리 사이에서 균형을 잡아야 한다. 지금이 바로 21세기의 새로운 골드러시이다. 물리적 자원이 아닌 디지털 미래를 위한 경쟁이다. 디지털 경제는 유엔이 정한 지속 가능한 개발 목표(SDG), 특히 경제 성장과 양질의 일자리 촉진, 불평등 감소, 지속 가능한 도시 달성에 기여할 수 있는 잠재력을 가지고 있다. 이러한 글로벌 목표를 달성하기 위해서는 전환 경제에 대비하는 지속적인 학습과 적응력이 필요하다. 디지털 기술을 습득하고, 변화하는 경제 환경을 이해하며, 규제 동향을 파악하는 것이 중요하다. 기업은 민첩하고 혁신적이어야 하며, 정부는 정책 결정에 적극적이어야 하고, 사회는 포용성과 회복력을 갖춰야 한다.

전환 경제는 또한 신냉전의 맥락에서 독특한 영향과 전략적 의미를 지니고 있다. 강대국들은 기술 혁신과 핵심 기술의 자립을 촉진하기 위해 산업 정책을 재편하고 있다. 이러한 정책은 자국 인재 개발, R&D 투자, 혁신 환경 조성에 중점을 두고 있다. 경쟁이 치열해지면서 국제 협력의 역할이 무엇보다 중요해졌다. 사이버 보안 위협부터 데이터 프라이버시 문제에 이르기까지 디지털 세계의 도전 과제에는 협력적인 접근 방식이 필요하다. 탈냉전 이후 전환 경제에 대한 논의는 실제로 복잡하고 도전적이며 진화하고 있다. 미래가 전개됨에 따라 우리는 이러한 역학 관계가 어떻게 세상을 형성하는지 예의 주시해야 한다.

기술이 지정학적 전략의 핵심 요소로 자리 잡으면서 글로벌 힘의 역학 관계의 본질이 변화하고 있다. 신냉전으로 인해 글로벌 디지털 환경이 고유한 표준, 플랫폼, 규제를 가진 별개의 기술 블록으로 분리되는 '디지털 디커플링'에 대한 우려가 커지고 있다. 이러한 분열은 전환기에 있는 경제와 글로벌 협력에 중대한 도전이 될 수 있다. 또한 사이버 전쟁과 정보 작전의 부상은 분쟁의 중대한 변화를 의미한다. 강대국들은 사이버 보안 역량에 막대한 투자를 하고 허위 정보 캠페인에 디지털 플랫폼을 사용하면서 불안정하고 복잡한 사이버 보안 환경을 조성하고 있다. 데이터 통제는 디지털 주권의 중요한 측면이 되고 있다. '디지털 식민지화'에 대한 두려움으로 인해 국가들이 해외 거대 기술 기업에 데이터 통제권을 잃을 것을 우려하여 데이터 현지화, 국경 간 데이터 흐름, 디지털 과세를 규제하려는 노력으로 이어지고 있다.

신냉전 시대 디지털 플랫폼과 인프라의 전략적 사용은 디지털 영역이 점점 더 지정학적 경쟁의 무대가 되고 있다는 사실을 강조한다. 전환기에 있는 경제는 디지털화의 기회를 활용하는 동시에 잠재적인 도전과 지정학적 영향을 인식해야 한다.

3-3

녹색 혁명: 기후 변화 전환 경제

디지털 세계가 새로운 개척지라면 녹색은 새로운 황금이다. 실제로 세계 경제의 다음 장은 녹색 혁명의 기치 아래 공동의 자원을 활용하는 것이다. 녹색 혁명은 천연자원을 파헤치지 않고 어디서나 상업적으로 이용할 수 있는 바람, 물, 태양의 힘을 활용한다. 이것이 바로 번영과 지속 가능성을 분리할 수 없는 영역인 기후 변화 전환 경제이다. 본질적으로 이전환 경제는 각국이 자원을 소유하고 통제하는 전통적인 접근 방식에서 벗어나 자연을 평등이 이용하고 자연과 협력하는 '녹색' 시장 모델로 나아가 경제의 지속 가능성의 균형을 추구하는 것이다.

기후 변화는 우리 시대의 가장 시급한 과제 중 하나이다. 기온 상승, 기상 이변, 해수면 상승으로 인해 이러한 변화를 완화하고 적응해야 할 필요성이 커졌다. 화석 연료 의존에서 벗어나 지속 가능한 관행으로 전환하는 기후 변화 전환 경제학이 해결책의 일부로 부상했다. 이러한 경제 전환은 온실가스 배출을 줄이고 기후 영향에 대한 복원력을 구축하는 데 핵심적인 역할을 한다. 이러한 전환의 주요 동인으로는 기술 혁신, 정책 조치, 대중 정서의 변화, 시장 역학 관계 등이 있다. 재생 에너지에서 친환경 금융에 이르기까지 이러한 동인들은 지속 가능한 경제로의 전환을 가속화하고 있다.

태양, 바람, 물, 수소와 같은 자원에서 전력을 얻는 재생 에너지는 기후 변화 전환 경제의 근간을 형성한다. 화석 연료에서 재생 에너지로의 전환은 온실가스 배출을 줄이고 기후 변화를 완화하는 데 필수적이지만, 재생 에너지는 그 잠재력에도 불구하고 간헐적인 에너지 공급부터 막대한 선행 투자의 필요성까지 여러 가지 도전에 직면해 있다. 하지만 기술 발전, 정책적 지원, 투자자의 관심 증가에 힘입어 이 분야는 기하급수적으로 성장하고 있다.

환경적 혜택을 제공하는 투자를 포함하는 녹색 금융은 지속 가능한 전환 경제의 또 다른 동력으로 부상하고 있다. 녹색 채권에서 기후에 부합하는 투자 포트폴리오에 이르기까지 이러한 금융 메커니즘은 저탄소 경제로의 전환에 필요한 자금을 조달하는 데 도움을 주고 있다. 지속 가능한 기업에 자본을 제공하기 위한 기업 투자에서 환경, 사회, 거버넌스(ESG) 요소는 중요한 역할을 하고 있다. 이러한 투자 접근 방식은 재무적 수익과 함께 환경적 영향과 사회적 책임을 고려함으로써 경제 전환에 기여한다.

재생 에너지, 에너지 저장, 탄소 포집 및 저장(CCS), 기후 스마트 농업의 혁신을 포함하여 기술은 기후 변화를 완화하고 그 영향에 적응하는 데 중추적인 역할을 한다. 이러한 기술은 온실가스 배출을 줄이고 경제의 여러 부문에서 복원력을 구축하는 데 도움이 된다. 탄소 가격 책정부터 재생 에너지 목표에 이르기까지 다양한 정부 정책은 지속 가능한 관행과 기술로의 전환을 촉진하는 데 중요한 역할을 하고 있다. 또한 올바른 규제 프레임워크는 전환과 관련된 위험을 완화하여 공평하고 공정한 전환을 보장할 수 있다. 신흥 기술은 특히 중요하다. 예를 들어, 전기 자동차(EV)는 운송 부문을 변화시켜 화석 연료에 대한 배출량과 의존도를 줄이고 있다. 마찬가지로 CCS 기술은 철강 및 시멘트 제조와 같은 중공업의 탈탄소화에 도움이 될 수 있지만 이러한 기술이 널리 채택되려면 지원 정책 환경과 상당한 투자가 필요하다.

전환 경제에는 재사용 및 재활용을 위한 제품 설계는 물론 폐기물 및 새로운 자원에 대한 수요를 줄이는 것이 포함된다. 전환 경제를 구현하면 배출량과 환경에 미치는 영향을 크게 줄일 수 있지만, 개인의 소비 습관부터 비즈니스 모델과 정책 프레임워크에 이르기까지 사회 전반의 변화가 필요하다. 녹색 경제로의 전환은 재생 에너지, 에너지 효율성, 지속 가능한 농업과 같은 분야에서 일자리 창출의 중요한 기회를 제공한다. 그러나 화석 연료 산업 종사자 등 단기적으로 손실을 입을 수 있는 사람들을 지원함으로써 공평하게 전환을 관리하는 것이 중요하다. 정의로운 전환의 개념은 또한 화석 연료(예: 석유 및 가스 수출)에 의존하는 국가들이 상품을 생산 및 수출하고 경쟁력을 유지할 수 있도록 지원함으로써 이러한 경제 전환에서 사회 정의의 필요성을 강조해야 한다.

신냉전 시대를 배경으로 전환 경제는 새로운 권력 역학을 도입한다. 전통적으로 화석 연료 자원이 풍부한 국가가 지정학적으로 상당한 영향력을 행사해 왔지만, 재생 에너지로의 전환과 함께 기술 및 재생 에너지 생산을 선도하는 국가가 새로운 강자로 부상할 수 있다. 이러한 세력 균형의 변화는 글로벌 동맹과 경쟁, 나아가 현재 진행 중인 신냉전의 역학 관계에도 큰 영향을 미칠 수 있다.

녹색 경제로의 전환이 가속화됨에 따라 에너지 안보 문제는 더욱 심각해지고 있다. 재생 에너지가 더욱 분산되고 현지에서 공급됨에 따라 과거 냉전 시대의 주요 지정학적 지렛대였던 해외 석유에 대한 의존도가 줄어들고 있다. 각국의 에너지 수입 의존도가 낮아지면서 에너지 자립도가 높아져 전통적인 지정학적 지형이 변화할 수 있다. 지정학적 차원에 대한 심층적인 탐구는 전환 경제가 새로운 냉전 역학 관계와 어떻게 교차하는지에 대한 포괄적인 이해를 제공한다. 에너지 지배력, 에너지 안보, 강대국의 역할, 기후 외교 사이의 복잡한 상호작용이 지속 가능한 미래를 향한 우리의 여정을 형성하는 중요한 요소로 작용한다. 한편 녹색 경제로의 전환은 세계 평화의 주요 변수가 될 것이다.

3-4

전환 경제의 공생, 세 개의 비무장 지대

세 개의 전환 경제와 세 개의 비무장 지대 사이의 연결 고리는 경제 및 지정학적 변화가 예상치 못한 방식으로 서로에게 영향을 주고받을 수 있음을 보여 준다. 이러한 시너지 효과는 유라시아 지형에 깊은 영향을 미쳐 갈등, 타협, 잠재적 협력의 지형에 기여하고 있다.

첫째, 러시아 및 기타 구소련 이후의 국가들에서 일어난 격변으로 대표되는 공산주의에서 시장 경제로의 전환은 전통적인 DMZ와 상호 작용했다. 이들 국가가 국가 통제에서 자유 시장 모델로 전환하는 데 어려움을 겪으면서 지정학적 긴장이 더욱 고조되었다. 경제적 전환은 정치적 지형에 영향을 미쳐 영토 분쟁을 악화시키고 오래된 경쟁을 재점화시켰다.

둘째, 디지털 전환 경제는 인터넷 DMZ에서 그 대척점을 찾았다. 각국이 디지털 기술의 힘을 활용하여 경제에 활력을 불어넣으면서 사이버 공간이 새로운 전쟁터로 부상하고 있다. 사이버 공간에는 물리적 경계가 없기 때문에 그 안에서 벌어지는 갈등과 투쟁은 기존의 DMZ와 크게 다르다. 사이버 보안 위협, 데이터 전쟁, 디지털 스파이 활동은 이제 글로벌 지정학에서 중요한 고려 사항이며, 디지털 패권을 향한 경제적 추구와 맞물려 있다.

마지막으로, 기후 변화 전환 경제는 DMZ세대와 흥미로운 상관관계를 보인다. 1990년대 후반에서 2010년대 초반에 태어난 MZ세대는 디지털 네이티브이며 기후 변화의 영향을 목격하며 성장했다. 경제에 대한 그들의 전망은 종종 지속 가능성 및 기후 의식과 연결되어 있으며, 이전 세대와 세대 간 격차를 만들고 있다. 하지만 MZ세대들의 가치와 노력이 녹색 혁명의 원동력이 될 수 있다.

요약하자면, 세 개의 전환 경제와 세 개의 비무장 지대는 경제와 지정학 간의 상호작용에 대한 흥미로운 관점을 제공한다. 이들은 복잡하고 중요한 방식으로 서로 연결되어 유라시아의 지형과 미래를 형성하고 있다. 이러한 연결 고리를 인식하는 것은 작용하는 힘을 이해하고 해결과 협력을 향한 길을 모색하는 데 핵심이 될 수 있다. 과거의 냉전과 달리 신냉전은 동서양의 이념적 대립이 아니라 지정학적 힘겨루기, 경제적 경쟁, 기술 경쟁, 심지어 거버넌스 모델을 둘러싼 내러티브에 대한 충돌까지 포함하는 다면적인 투쟁이다.

이러한 다면적 투쟁에는 전환 경제의 도전 과제가 있다. 즉 주변국의 간섭과 영향력을 어떻게 받아들일 것인가이다. 특히 동유럽과 중앙아시아의 전환 경제는 지정학적 목적으로 전환 경로에 영향을 미치려는 강대국의 시도에 직면할 수 있다. 세계 경제의 디커플링, 제재 또는 무역 전쟁은 특히 수출이나 외국인 투자에 크게 의존하는 이들 경제에 영향을 미칠 수 있다. 기술 우위를 차지하기 위한 경쟁으로 인해 핵심 기술에 대한 접근이 제한되거나 어느 한 편을 선택해야 하는 압박을 받을 수 있기 때문이다.

한편 전환 경제에서 신냉전 시대를 극복을 위한 전략을 구축해야 할 것이다. 체제 전환 국가는 경제 전환 과정에서 외부 간섭을 최소화하는 것을 목표로 해야 한다. 여기에는 거래 파트너 다변화, 부채 의존도 감소, 투명하고 공정한 민영화 절차 보장 등이 포함될 수있다. 경제 충격의 영향을 완화하기 위해 전환 경제는 견고하고 다양하며 탄력적인 경제를 구축해야 한다. 여기에는 혁신 촉진, 비즈니스 환경 개선, 인적 자본에 대한 투자, 사회 안전망 강화 등이 포함된다. 전환기 경제는 기술 강대국과의 관계를 관리하면서 자체적인 기술 역량을 개발하는 것을 목표로 삼아야 한다. 여기에는 교육 및 연구에 대한 투자, 국내 기술 스타트업 육성, 국제 협력 활용 등이 포함될 수 있다.

한마디로 지정학적 리스크 관리는 강대국과의 균형 잡힌 관계를 유지하고 영토 분쟁을 평화적으로 관리하며 국제법을 준수하는 것이 이들 국가들의 성공적인 전환 경제를 위해 중요하다.

그러므로, 현대 세계의 상호 연결된 특성을 고려할 때, 전환 경제를 지원하기 위해서는 국제 협력이 더욱 강조된다. 여기에는 다자간 기관의 지원, 지역 협력 프레임워크, 선진국과의 파트너십이 포함된다. 국제 행위자들은 기술 지원, 재정 지원, 역량 강화를 제공하고 평화롭고 공정하며 상호 호혜적인 글로벌 관계에 도움이 되는 환경을 조성함으로써 도움을 줄 수 있다.

미국, 중국, 유럽연합과 같은 강대국은 전환 경제에서 중요한 역할을 한다. 재생 에너지, 기후 변화 완화, 지속 가능한 경제 관행에 대한 이들의 국내 정책은 다른 국가에 선례가 될 수 있다. 또한 국제 정책, 금융, 기술에 대한 이들의 영향력은 지속 가능한 경제로의 글로벌 전환을 가속화하거나 방해할 수 있다. 신냉전이나 지정학적 긴장이 고조되는 상황에서는 이러한 역할이 더욱 복잡해질 수 있다. 예를 들어, 경쟁은 각국이 친환경 기술 혁신에서 서로를 앞지르도록 자극할 수 있다. 반대로 긴장은 녹색 기술의 글로벌 교류를 방해하거나 기후 행동에 대한 국제 협력을 저해하는 무역 제한으로 이어질 수 있다.

예를 들어, 러시아-우크라이나 분쟁은 기후 행동에 대한 국제 협력에 광범위한 영향을 미칠 수 있다. 다자 관계를 긴장시켜 기후 문제에 대한 외교적 합의에 도달하는 것을 더 어렵게 만들 수 있다. 반대로 기후 행동과 지속 가능한 전환 경제에 대한 긴급한 필요성은 지정학적 긴장 속에서 대화와 협력을 장려하는 공통 기반이 될 수 있다. 분쟁이 에너지 역학, 에너지 안보, 국제 협력에 미치는 영향은 지정학적 불확실성 속에서 지속 가능한 미래를 향한 진전을 보장하기 위한 전략적 탐색의 필요성을 강조한다.

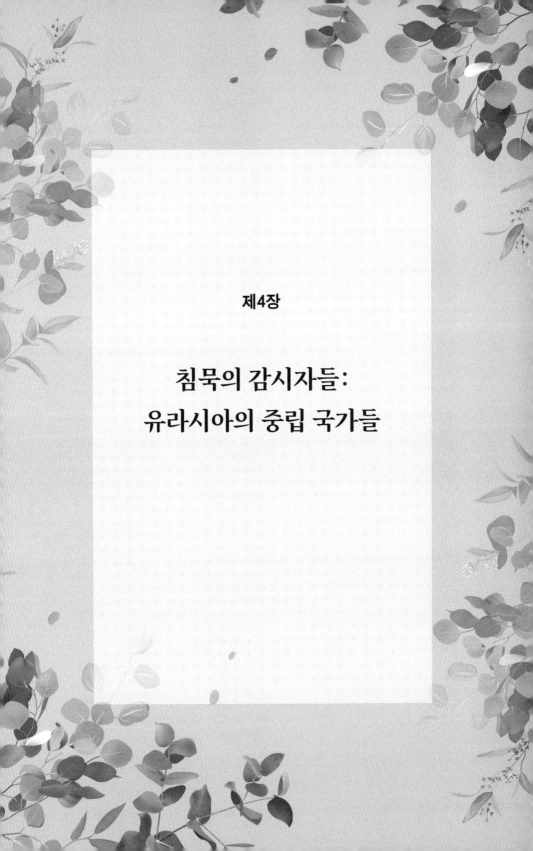

제4장

침묵의 감시자들:
유라시아의 중립 국가들

중립국이란 한쪽에 서서 편안한 거리에서 세계가 전개되는 상황을 지켜보는 국가라는 의미를 담고 있다. 하지만 중립국의 역할은 섬세한 균형 잡기처럼 훨씬 더 복잡하고 미묘하다. 다양한 국가가 모여 있는 유라시아라는 다채로운 캔버스를 생각해 보자. 어떤 국가는 분쟁에 휘말려 있고, 어떤 국가는 심각한 경제적 변화와 씨름하고 있으며, 어떤 국가는 중립적인 위치에서 조용히 지켜보고 있다.

　제2차 세계 대전 이후 냉전과 신냉전을 거치면서 각국은 평화와 안정, 국익을 보장하기 위해 국제 관계에서 자국의 정치적, 외교적 입장을 일관되게 표명해 왔다. 냉전 기간 동안 일부 국가는 지정학적 불안정과 대결로 인한 경제적 불이익에 직면했을 때 중립을 채택했다. 최근 몇 년 동안 러시아와 우크라이나 간의 전쟁과 미국과 중국 간의 신냉전적 대립으로 인해 각국은 어느 한쪽을 경제적으로 지원하거나 자국의 안보를 보장하기 어려워졌다. 이로 인해 정치적으로 불리한 입장에 처한 국가들은 딜레마에 빠질 수 있다.

이 장에서는 중립주의, 중립국의 지위, 지정학적 분쟁 지역의 필요성을 살펴보고 중립국이 신냉전 시대의 평화를 회복하기 위해 분쟁 국가 간의 완충 지대 역할을 할 수 있는 방법에 대해 논의한다. 중립주의와 중립 지대 설립은 세계를 신냉전에서 교착의 시대로 되돌릴 수 있다. 이 장에서는 중립주의와 중립 지대가 각국이 기후 변화로 인한 지정학적 갈등을 예방하는 데 어떻게 도움이 될 수 있는지 설명하려 한다. 더불어 중립은 기후 변화와 평화에 어떤 관련이 있는지 같이 생각해 보자.

4-1

중립성의 이해: 역사적 관점

　중립이란 국제 관계에서 한 국가가 다른 국가 간의 분쟁에 대해 중립적인 입장을 취하는 것을 가리키는 개념이다. 중립국은 이러한 입장을 유지하기 위해 평화, 외교, 협력을 증진하는 정책을 채택하는 동시에 다른 국가의 문제에 대한 당파적 개입이나 간섭으로 인식될 수 있는 행동을 피하는 경우가 많다. 중립국은 전쟁 당사자 간의 협상이나 피해 주민에 대한 인도적 지원을 위한 외교 채널을 제공할 수 있지만, 일반적으로 전투 작전에 참여하거나 어느 한쪽에 군사 지원을 제공하지는 않는다. 예를 들어, 한국전쟁 당시 중립국은 피해자들에게 의료 및 물류 지원을 제공했다.

　19세기 내내 많은 약소국들은 자국의 주권과 이익을 지키기 위한 수단으로 중립국 정책을 선호했다. 이는 단순히 그들 스스로가 만들어낸 산물이 아니라 강대국의 역학 관계와 깊이 얽혀 있었다. 이 약소국들이 중립을 선택한 것은 단지 중립을 위해서가 아니었다. 그 대신, 그들의 선택은 종종 더 크고 영향력 있는 국가의 행동과 정책에 의해 형성되었다. 강대국들이 균형을 유지하기 위해 노력하는 동안 약소국들은 강대국의 그늘에서 피난처를 찾는 것처럼 중립을 유지함으로써 안전과 안정을 찾는 경우가 많았다. 따라서 정책으로서의 중립성의 흥망성쇠는 종종 세계 주요 국가들의 광범위한 정책 변화를 반영한다.

제1차 세계 대전의 참화 이후, 국제연맹은 집단적 안보 시스템을 구축하기 위해 설립되었다. 집단 행동과 상호 방어에 중점을 두었기 때문에 이 시기에는 전통적인 중립 정책은 종종 뒷전으로 밀려났다. 특히 영국, 프랑스, 일본 제국, 이탈리아 왕국 등 국제연맹의 주요 강대국들은 국제연맹의 운영과 결정에 상당한 영향력을 행사했다. 집단 안보라는 목표를 반영하여 당시 지배적인 이데올로기는 종종 전통적인 세력 균형 전략을 비판했고, 이로 인해 실행 가능한 외교 정책으로서 중립에 대한 강조가 줄어들었다. 그러나 국제연맹이 권위를 잃고 약소국들의 신뢰를 얻지 못하자 약소국들은 중립 정책을 채택하기 시작했다. 이러한 정책의 변화는 복잡한 동맹과 반동맹의 그물망으로 이어졌다.

1930년대에 국제 분쟁이 발생하기 시작했지만 국제연맹은 이를 막을 수 없었다. 국제연맹은 제2차 세계 대전을 억제하는 데 아무런 역할을 하지 못했고 전쟁 중에 해체되었다. 국제연맹의 모든 임무와 권한, 자산은 새로 창설된 국제연합으로 이전되었다. 새로운 유엔의 설립과 함께 힘의 균형 또는 세력 균형 정책은 다시 한번 이념적으로 거부되었고 중립이라는 것은 존재하지 않았다. 그러나 냉전 기간 동안 미국이 주도하는 서방 블록과 소련이 주도하는 동방 블록 간의 긴장이 고조되면서 많은 소규모 신흥 국가들이 중립 정책을 채택하기로 결정했다.

전반적으로 중립국의 역사는 국제연맹이나 유엔과 같은 국제기구의 성공과 실패, 그리고 국가 간 힘의 균형이 변화하면서 형성되었다. 역사적으로 영세 중립국 정책을 채택한 몇 가지 주목할 만한 사례가 있다. 스위스, 오스트리아, 핀란드, 아일랜드, 스웨덴, 투르크메니스탄이 그 예이다. 각 국가마다 중립 정책을 채택한 이유는 저마다 다르다.

중립 정책을 채택하는 이유는 국가마다 다를 수 있지만, 중립 정책에는 장단점이 있다. 중립 정책은 일부 국가에서는 스스로 결정한 정책이지만 다른 국가에서는 타 세력이 강요한 정책이다. 그럼에도 불구하고 중립국의 역사는 국제연맹이나 유엔과 같은 국제기구의 성공과 실패, 국가 간 세력 균형의 변화에 따라 형성되어 왔다.

스위스는 1815년 파리 조약 이후 중립을 유지해 온 가장 잘 알려진 중립국이다. 스위스의 중립 모델은 상업적 중립과 무력 중립에 기반을 두고 있으며, 국경 안팎에서 평화와 안정을 유지하는 능력으로 찬사를 받고 있다. 스위스의 상업적 중립은 여러 국제 조약과 스위스의 주권적 의지에 따라 강대국들에 의해 보장된다. 또한 스위스는 군사적으로도 중립국이며, 중립을 수호하기 위해 자체 군대를 보유할 권리가 있다. 스위스는 제1차 세계 대전과 제2차 세계 대전 모두에서 중립을 지킬 수 있었다. 2002년 유엔 회원국 가입에 대한 국민 투표를 통해 스위스는 190번째 회원국으로 가입했다. 인도주의적 전통으로 잘 알려진 스위스는 중립국 지위를 성공적으로 활용하여 대화를 촉진하고 외교적 진전을 장려하며 종종 국제 분쟁에서 중재자 역할을 수행해 왔다. 예를 들어 제네바 협약은 스위스가 국제 인도법의 토대가 된 획기적인 국제 협약을 촉진할 수 있는 능력을 보여 주었다.

싱가포르는 대조적이지만 통찰력 있는 중립국 모델을 제시한다. 싱가포르는 비교적 최근에 독립하고 지리적 규모가 작음에도 불구하고 불안정한 국제 관계의 물살을 능숙하게 헤쳐 나가고 있다. 싱가포르의 전략적 위치와 탄탄한 경제 덕분에 동남아시아에서 중요한 역할을 할 수 있었다. 중립적인 입장과 외교적 통찰력을 바탕으로 2018년 도널드 트럼프 미국 대통령과 김정은 북한 국무위원장 간의 정상회담과 같은 중요한 행사를 개최할 수 있었다. 이번 회담은 싱가포르의 중립성과 공정한 협상 플랫폼을 제공할 수 있는 능력을 전 세계에 알렸다.

핀란드도 중립 정책을 채택한 또 다른 국가이다. 하지만 핀란드의 상황은 스위스와 다르다. 핀란드는 제2차 세계 대전에서 소련의 공격을 받아 추축국에 합류했지만 1944년 연합국으로 전향을 했고 전쟁 후에도 중립을 유지했다. 핀란드는 1939년 소련과의 전쟁에서 영토를 잃은 후에도 중립을 유지했는데, 이는 핀란드의 의지보다는 소련의 의지가 더 많이 반영된 결정이었다. 소련은 미국이 나토를 통해 유럽에서 동맹을 확대하는 과정에서 핀란드를 완충 지대로 유지하기를 원했다. 핀란드는 피비린내나는 전쟁을 치렀기 때문에 다른 나라와 동맹을 맺지 않는다는 조건으로 중립을 유지했다. 1948년 소련과 우호 협력 및 상호 원조 조약을 체결한 후 핀란드는 러시아의 영향력 아래 있으면서도 자국의 이익을 타협했다. 많은 사람들은 핀란드의 중립이 강대국과 국경을 접한 작은 나라의 생존 전략이었다고 주장한다. 하지만 2022년 2월 러시아의 우크라이나 침공이 시작되자 불안한 마음으로 상황을 지켜보던 핀란드와 스웨덴은 결국 오랜 중립을 포기하고 미국 주도의 유럽 집단 안보 기구인 북대서양조약 기구(NATO)에 가입하기로 결정했다.

한때 중립국이었다가 중립을 포기한 국가도 있다. 노르웨이, 덴마크, 벨기에는 두 차례의 세계 대전에서 독일군의 침략을 받은 후 중립을 포기했다. 네덜란드는 제1차 세계 대전 중 중립을 선언했고, 제2차 세계 대전에서도 중립을 유지하고자 했다. 그러나 중립국 선언에도 불구하고 네덜란드는 1940년 나치 독일에 의해 침략당하고 점령당했다. 그 결과 네덜란드는 전쟁의 남은 기간 동안 중립을 포기했다. 마찬가지로 룩셈부르크도 1867년 독립과 동시에 중립을 선언했다. 그러나 이러한 입장에도 불구하고 룩셈부르크 역시 나치 독일의 침략을 받아 전쟁 중에 중립국 지위를 포기해야 했다. 불가리아는 전간기와 제2차 세계 대전 중 중립을 선언했지만 나치 독일과 소련의 무력 침공과 압력을 견디지 못하고 중립을 중단했다. 튀르기예는 초대 대통령인 무스타파 케말 아타튀르크가 중립을 선언했지만 결국 연합군과 함께 제2차 세계 대전에 참전했다. 전쟁이 끝난 후 튀르기예는 중립을 완전히 포기하고 마샬 플랜의 원조를 받고 나토에 가입했다.

제2차 세계 대전이 끝난 후 중립과 중립국은 국제 관계에서 점차 그 중요성을 잃었다. 냉전 기간 동안 많은 제3세계 국가들은 자본주의 진영이나 공산주의 진영에 속하지 않고 두 진영 사이에서 온건하거나 중립적인 입장을 취하기로 결정했다. 예를 들어, 1947년 영국으로부터 독립한 인도는 냉전 기간 동안 비동맹 중립국으로 미국이나 소련 어느 쪽에도 편승하지 않았다. 한국전쟁 당시에는 유엔군과 공산군을 동시에 간접적으로 지원하기도 했다. 그러나 인도의 중립성에는 단점도 있다. 히말라야 산맥에서 영토 분쟁을 벌이고 있는 중국과 파키스탄을 비롯한 일부 이웃 국가들과 관계가 경색되어 있다. 인도는 파키스탄과 국경 분쟁과 전면전을 치렀으며 힌두교와 무슬림 간의 갈등도 경험했다. 인도는 공식적으로 강대국에 속해 있지는 않지만 최근 미-중 분쟁에서 중립적인 입장을 취하고 있다. 중국을 견제하는 국가 그룹인 쿼드(미국, 일본, 호주, 인도)의 일원으로서 미국과 밀접한 관계를 맺고 있으며 중국을 자극하기도 했다. 그러나 인도는 여전히 러시아와 좋은 관계를 유지하고 있으며 군사 및 경제 분야에서 모스크바와 협력하고 있다. 나토처럼 친미 진영과 확고하게 연계되어 있지는 않다. 신냉전이 심화됨에 따라 인도의 입지는 더욱 분명해질 것이다. 요컨대, 공산주의 진영도 자본주의 진영도 아닌 제3세계 국가로서 인도의 중립성은 모든 종류의 분쟁에서 중립적인 입장을 취하는 것을 의미하지는 않는다. 냉전 기간 동안에만 중립적이라고 볼 수 있다.

중립에는 몇 가지 이점이 있다. 중립국은 분쟁에 관여하지 않음으로써 평화와 안정을 유지하고 분쟁이 확대되는 것을 방지할 수 있다. 중립국은 분쟁에서 어느 한 편을 들지 않기 때문에 다른 모든 국가와 좋은 관계를 유지할 수 있다. 또한 모든 국가와 제한 없는 교역을 통해 무역 및 투자 기회를 늘리고 국방비 지출 대신 다른 개발 분야에 자원을 할당할 수 있어 경제적으로도 이득을 볼 수 있다.

그럼에도 불구하고 중립국은 복잡한 국제 관계의 세계를 헤쳐 나가는 데 있어 고유한 도전과 한계에 직면하는 경우가 많다. 중립국이 직면한 주요 과제 중 하나는 외부 위협에 대한 취약성이다. 중립국은 군사 동맹에 참여하지 않기 때문에 안보 보장과 보호가 부족할 수 있다. 따라서 중립국은 적대적인 국가나 비국가 행위자의 잠재적 공격에 노출되어 있으며, 주권과 독립을 유지하기 위해 외교적 기술과 군사적 대비에 의존해야 한다. 중립국이 직면한 또 다른 과제는 중립 유지와 국가 이익 추구 사이에서 적절한 균형을 유지하는 것이다. 예를 들어, 중립국은 무역, 에너지 또는 기타 경제 파트너십과 관련하여 어려운 선택에 직면할 수 있다. 특정 국가 또는 블록과 너무 밀접하게 연계되면 중립국 지위를 위반하는 것으로 인식될 수 있기 때문이다. 마찬가지로 중립국은 인권, 민주주의, 글로벌 거버넌스와 관련된 이슈를 신중하게 탐색하여 논쟁에서 어느 한 편에 서는 것으로 보이지 않도록 해야 한다. 또한 중립국은 자국의 정책에 영향을 미치거나 자국의 이익을 위해 중립성을 악용하려는 다른 국가로부터 상당한 경제적, 정치적 압력(예: 중립국이 글로벌 이슈에 대해 특정 입장을 취하거나 군사 동맹에 참여하도록 강요하거나 유인하려는 시도)에 직면할 수 있다. 이러한 상황에서는 원칙에 대한 확고한 의지를 유지하는 동시에 끊임없이 변화하는 지정학적 환경에 적응할 수 있는 실용적인 자세를 유지해야 한다.

중립을 유지하는 것은 쉬운 일이 아니며, 중립국은 평화와 공정성을 추구하기 위한 다양한 도전에 직면한다. 이러한 어려움에도 불구하고 중립을 유지하기 위한 노력은 국제 무대에서 외교, 협력, 분쟁의 평화적 해결이 얼마나 중요한지를 보여 주는 증거이다.

그러나 핵 시대의 도래는 이러한 전시 중립의 한계를 확장시켰다. 교전 당사국뿐 아니라 이웃 국가, 나아가 전 세계에 파멸을 불러올 수 있는 핵무기의 엄청난 파괴력은 중립을 무의미하게 만들었다. 이것이 핵보유국조차도 핵전쟁을 피하는 근본적인 이유이지만, 균형을 유지하고 우위를 점한다는 명목으로 무기 시스템을 계속 개발하고 강화하기 때문에 위험은 항상 존재한다. 자본주의와 공산주의를 각각 대표하는 미국과 소련이 군사 동맹과 방위 조약으로 대립했을 때, 중립국들은 내부적으로 미국과 소련을 "핵우산 아래 종속되었다."고 비난하며 분열했다. 자위용이든 보복용이든 핵무기 사용은 범죄 행위이며, 핵무장국이 주도하는 각종 군사 조직과 동맹에 참여하는 것은 핵무기 사용을 용인하는 것이므로 궁극적으로 정치, 경제, 외교 등 국가 주권의 제약으로 이어진다는 논리를 내세웠다.

디지털 시대로 접어들면서 중립국의 역할은 더욱 확대되고 진화할 가능성이 높다. 비공격적인 입장을 취하는 중립국들은 디지털 영역에서 중재자가 될 준비가 되어 있다. 사이버 전쟁과 디지털 보안 문제가 더욱 확산됨에 따라 중립국은 안전한 디지털 인프라, 안전한 데이터 처리 관행, 사이버 분쟁에 대한 공정한 중재를 제공할 수 있다. 디지털 경제와 사이버 전쟁이 부상함에 따라 중립국은 중립성을 활용하여 디지털 영역에서 신뢰할 수 있는 플레이어로 자리매김하고 안전한 디지털 서비스를 제공하며 사이버 분쟁에서 중재자 역할을 할 수 있다.

이상적으로 평회적 중립이란 군사 블록에 참여하지 않고, 군시 동맹을 맺지 않으며, 외국의 침략 전쟁에 참여하거나 협력하지 않고, 외국의 군사 기지 설립을 금지하는 것을 의미한다. 중립국은 자국 영토에 핵무기를 반입할 수 없으며, 자국 군대가 핵무기로 무장하는 것을 허용하지 않으며, 영해와 영공에서 핵무기를 운반하고 정찰하는 것을 금지한다. 또한 중립국은 정찰기를 포함한 다른 국가의 영공 침범을 규탄한다. 이러한 모든 활동은 평화와 독립을 강화하고 전쟁 시 중립을 확고히 수호하기 위한 것이다.

4-2

얼어붙은 국경과 세계 무역의 통로:
전 세계적으로 중요한 중립 지역

분쟁과 갈등이 일상화된 세계에는 국제적 중요성으로 인해 공유 공간으로 운영되는 중립 지역이 있다. 중립 지역은 상호 이해와 국제법의 적용을 받으며 모든 국가의 접근을 보장한다. 수에즈 운하, 파나마 운하, 남극 대륙은 중립 지역이 적용되는 대표적인 예이지만, 전 세계적으로 중립 지역으로 지정되거나 중립 지위를 인정받은 곳은 이들 지역뿐이 아니다.

세계 무역의 중요한 통로인 수에즈 운하와 파나마 운하는 지리적 중립성의 좋은 예이다. 수에즈 운하와 파나마 운하는 전략적 위치에 있어 주요 대양 사이의 지름길을 제공하여 항해를 간소화하고 상업용 선박의 거리를 단축한다. 이집트의 수에즈 운하는 지중해와 홍해를 연결하여 유럽과 아시아를 더 빠르게 통과할 수 있게 해 준다. 중앙 아메리카의 파나마 운하는 대서양과 태평양을 연결하여 미국 동부 해안과 서태평양 사이를 여행하는 선박에 직항로를 제공한다. 이 운하는 1888년 수에즈 콘스탄티노플 협약과 1903년 헤이-부나우-바릴라 파나마 조약과 같은 국제 협약의 적용을 받으며, 평화 및 전시 시에도 방해받지 않는 운영을 보장하기 위해 중립성을 요구한다.

　남극의 혹독한 지역은 다른 유형의 중립 지대를 제공한다. 남극 조약 체제는 평화적 목적과 과학 연구를 위해 남극을 보존하는 것을 목표로 하며, 남극의 중립성을 유지하고 국제 협력 정신을 고취하는 데 성공했다. 남극 조약 체제는 국가 간 군사 활동이나 영유권 주장을 금지한다. 이를 통해 국가 간 분쟁이나 경쟁의 위험 없이 과학 연구와 환경 보존을 위한 국제 협력이 가능한다. 현재 50개 이상의 국가가 조약을 비준했으며, 남극 대륙 전역에 설치된 수많은 연구 기지에서 여러 국가의 과학자들이 협력하여 남극 환경과 독특한 생태계를 연구하고 있다. 본질적으로 남극은 세계에서 가장 열악한 환경 중 하나에서 국제 협력을 상징하는 공동의 과학적 노력의 산물이다. 남극 조약은 2024년에 종료된다. 남극 조약이 2024년에 종료된다는 점을 고려할 때, 남극의 지속적인 보존과 협력 탐사를 보장하기 위해 각국이 함께 모여 새로운 협정을 체결할 것인가라는 중요한 질문이 제기된다.

　현재 기후 변화로 인한 지정학적 긴장의 최전선에 있는 북극은 여전히 독특한 도전 과제로 남아 있다. 덴마크(그린란드를 거쳐), 핀란드, 아이슬란드, 노르웨이, 러시아, 스웨덴, 미국 등 8개 연안 국가가 북극을 관할하고 있지만 영토 주권을 주장하지 않고 있다. 이와 대조적으로 남극 대륙은 7개국(뉴질랜드, 호주, 프랑스, 노르웨이, 영국, 칠레, 아르헨티나)에서 영유권을 주장하고 있다. 하지만 남극 조약은 이러한 영유권 주장을 견제하여 남극을 과학 탐사를 위한 평화로운 지역으로 자리매김하고 있다.

북극과 남극을 유사하게 생각하면 중립 북극의 실현 가능성을 시사할 수 있다. 하지만 극명한 차이가 있다. 북극은 남극과 달리 원주민 공동체의 본거지이다. 또한 석유, 가스, 광물 등 막대한 천연자원이 매장되어 있고, 전략적 교통로를 제공하고 있어 경제적 중요성이 강조되고 있다.

북극을 중립 지역으로 지정하려면 북극 연안 8개 국가 간의 복잡한 협상이 필요하다. 다양한 이해관계와 지정학적 요인으로 인해 이러한 합의가 어려울 수 있다. 북극을 소유하는 국가가 한 곳도 없고 남극과 유사한 중립 공간으로 설정하는 것이 개념적으로는 매력적으로 보이지만, 현실은 더 복잡한다. 북극의 원주민 공동체, 북극의 경제적 잠재력, 북극과 접한 국가들의 지정학적 이해관계, 특히 지구 온난화의 영향이 다가오면서 영토 분쟁이 증폭될 수 있다. 이는 중립적 입장의 시급성을 강조하고 이 지역에서 중립 수역을 고려해야 할 필요성을 강조한다. 이러한 중립성은 국제 항로에서 북극이 차지하는 중요성을 고려할 때 가장 중요한 요소이다.

분주한 항로에 둘러싸여 있거나 황량하고 얼음으로 뒤덮인 이 중립 수역은 국제 협력과 공동 관리에 있어 중요한 교훈을 제공한다. 중립 해역은 상호 합의와 국제법의 적용을 받는 중요한 지역이 어떻게 국가 간 분쟁을 초월하고 공동의 이용과 이해를 증진할 수 있는지를 보여 준다. 중립 지대의 역할은 분쟁 지역의 신상을 관리하는 데 귀중한 통찰력을 제공하여 분쟁 지역을 전투 지역에서 협력, 참여 지역으로 전환할 수 있는 잠재력을 제공한다.

4-3

중립의 역할 그리고 비무장 지대: 평화 그린벨트

이 섹션에서는 중립과 비무장 지대의 개념이 어떻게 전 세계의 이니셔티브에 영감을 불어넣어 국제 관계를 변화시키고 평화, 협력, 지속 가능한 개발을 촉진할 수 있는 잠재력을 보여 주는 몇 가지 사례를 소개한다. 전 세계 국가들은 국경을 넘어 세계 평화를 증진하고 환경을 보존하기 위해 노력하고 있다.

독일의 비무장 지대가 '그뤼네반트'라는 새로운 이름을 갖게 되었다. 한때 냉전의 그늘에서 신음하던 이곳은 역사의 긴장을 보여 주는 증거이다. 경계로 표시된 이곳은 치명적인 지뢰와 위협적인 철조망으로 둘러싸인 지역이다. 역설적이게도 인간의 간섭이 없었기 때문에 희귀 동식물의 안식처로서 독특한 생태적 다양성을 유지할 수 있었다. 1945년 제2차 세계 대전에서 패한 후 독일 영토는 미국, 소련, 영국, 프랑스 등 승전국에 의해 4개의 점령 지역으로 나뉘었다. 1952년 서독이 유럽 방위 공동체에 가입한 후 동독은 1.5m 높이의 철조망 울타리, 폭 10m의 통제 도로, 500m 이내의 군사 보호선, 최대 5km의 출입 통제 구역으로 국경을 강화했다. 당시 동독과 서독의 국경은 통제되지 않은 상태였다. 점점 더 많은 사람들이 동베를린을 떠나 서베를린으로 향하면서 1961년 베를린 장벽이 세워졌고, 동서독 국경은 죽음의 덫이 되었다. 1983년 동독은 비무장 지대에서 모든 지뢰와 부비트랩을 자발적으로 제거하기 시작했다. 지뢰의 위치가 꼼꼼하게 기록되어 있었기 때문에 지뢰 제거는 문제가 되지 않았다.

1989년 베를린 장벽이 무너지면서 흔히 '비무장 지대'라고 불리는 이 지역은 '죽음의 지대'에서 '평화의 녹색 지대'라는 애칭으로 불리며 변모하기 시작했다. 독일은 생태계의 보고가 된 국경 지대를 보존하기 위해 그뤼네반트 프로젝트를 시작했다. 환경 단체인 BUND가 정부의 지원을 받아 이 운동을 주도했다. 민관 파트너십을 통해 개발과 보존 사이의 사회적 갈등을 최소화했고, 30년 만에 국경지대는 분단의 상처를 지워 냈다. 통일 이후 국경 지대의 토지가 이전 소유주에게 반환되어 국가의 통제에서 벗어나고, 일부 토지가 기업에 매각되어 생태계가 파괴될 위험에 처하는 등 어려움이 없지는 않았다. 그러나 독일 정부는 생태계를 보존하기 위해 국경 지대의 사유지를 매입하여 국유화했고, 2003년에는 이 지역을 국가 자연유산으로 지정하여 국경 지대를 보전하고 이용할 수 있는 길을 열었다.

2002년 당시 소련 서기장이었던 고르바초프는 국경 마을 두더슈타트에서 열린 동서독 화해의 문 개장식에 참석했다. 이곳에서 고르바초프는 내셔널 트러스트를 통해 환경 단체 BUND가 매입한 지역을 표시하는 3,000번째 녹색 인증서를 받았다. 이듬해인 2003년 고르바초프는 동서독

그뤼네반트를 더 큰 동서 유럽 그린벨트로 전환하자는 아이디어를 지지했다. 그의 주창은 현재 유럽 그린벨트 운동의 토대를 마련했다.

오늘날 이 운동은 24개 국가에 걸쳐 있으며, 12,500킬로미터에 달하는 이 광활한 지역을 중요한 녹색 통로로 보호하겠다는 약속으로 단결하고 있다. 노르웨이-러시아 국경의 북극 빙하에서 중부 유럽과 발칸 반도를 거쳐 흑해에 이르는 이 벨트는 생물 다양성의 생명선 역할을 한다. 한때 정치적 분열로 인해 고립되어 있던 이 벨트의 풍경은 그루네반트를 연상시키지만, 이제 활력을 되찾고 다시 연결되고 있다. 한때 단절되었던 지형이 다시 하나로 엮어지면서 생태학적 중요성과 화합과 복원에 대한 심오한 정치적 교훈을 모두 담고 있다.

한국의 비무장 지대(DMZ)도 평화 공원을 조성하여 군사적으로 중무장한 남북한 국경을 평화와 협력의 상징으로 바꾸는 것을 목표로 하고 있다. 비무장 지대 내 고유 생태계를 보존하고 문화 교류와 환경 보전을 촉진함으로써 평화 공원은 분쟁 해결과 국제 협력의 모델이 될 수 있다.

아프리카 만리장성은 아프리카 사헬 지역의 사막화 방지와 지속 가능한 개발을 촉진하기 위한 야심 찬 프로젝트이다. 만리장성은 아프리카 국가와 국제 파트너 간의 협력을 장려함으로써 황폐화된 경관을 복원하고 일자리를 창출하며 수백만 명의 식량 안보를 개선하는 것을 목표로 한다.

중립 지역과 비무장 지대(DMZ)의 연관성을 살펴보면 놀라운 유사점을 발견할 수 있다. 평화 그린벨트, 중립 지대, 중립국, 비무장 지대는 지정학적 긴장의 균형을 맞추고 더 큰 분쟁으로 확대되는 것을 방지하는 완충 역할을 한다. 중립 지대는 정치 활동의 진공 상태가 아니라 외교 작전과 전략적 평화 유지를 위한 무대로 존재한다. 수에즈 운하, 파나마 운하, 남극과 같은 중립 지대는 국제 협약과 법률에 따라 운영되며 모든 국가가 공동으로 사용할 수 있도록 보장한다. 비무장 지대의 조성과 운영에도 유사한 원칙이 적용된다. 이러한 지역은 근본적인 긴장에도 불구하고 본질적으로 비분쟁 지역이다. 예를 들어, 한국의 비무장 지대는 군사분계선임에도 불구하고 수십 년 동안 남북한 간의 전면전을 효과적으로 예방해 왔다.

이러한 역할은 비동맹, 비간섭, 평화적 공존이라는 중립주의의 핵심 원칙을 반영한다. 비무장 지대는 직접적인 군사적 충돌의 가능성을 방지하고 적들이 상호 이해를 구할 수 있는 영역을 개척하는 보호 장벽의 역할을 주로 한다. 그러나 비무장 지대는 단순한 분단의 장벽을 넘어 협력을 촉진하고 차이를 조정하는 도구가 될 수 있는 잠재력을 지니고 있다. 중립이 불개입 또는 비동맹의 입장을 의미하는 것처럼, DMZ는 일반적으로 분리를 강조한다. 진정한 도전과 가능성은 이러한 비무장 지대의 수동적 특성을 통합과 공동 노력을 위한 능동적 촉매제로 발전시키는 데 있다. 중립 원칙과 중립 지역 및 국가로부터 얻은 교훈을 바탕으로 비무장 지대는 '녹색 평화 공원'으로 변모할 수 있는 잠재력을 가지고 있다. DMZ는 공동 탐사, 과학 연구 및 경제 개발을 위한 지역이 될 수 있으며, 한때 분단되었던 지역을 평화의 상징으로 바꿀 수 있다. 비무장 지대가 협력의 장으로 변모하는 것은 이전 장에서 논의한 전환 경제가 갈등에서 평화로 진화할 수 있는 잠재력을 반영한다. 이는 불간섭을 넘어 적극적인 평화 구축으로 나아가는 중립주의의 다음 단계를 형성하고, 중립이 효과적으로 활용될 때 분쟁 지역을 평화와 번영의 장소로 재구성할 수 있음을 보여 준다.

제5장

지구의 전투 외침 :
통합의 촉매제로서의
기후 변화

기후 변화 위기는 추상적이거나 미래의 예언이 아니라 지금 우리가 살고 있는 현실이다. 인류에 대한 기후 변화의 위협은 점점 더 불안정하고 예측할 수 없는 세상의 모습을 보여 주는 풍부한 과학적 증거를 통해 잘 입증되고 있다. 이제 기후 변화를 임박한 파멸이 아닌 통합의 촉매제로 받아들여야 할 때이다. 기후 행동은 장벽을 허물고 협업, 공동 혁신, 동반 성장을 촉진할 수 있다. 국가와 개인이 힘을 합쳐 녹색 경제로 전환하고, 지속 가능한 인프라를 구축하고, 생물 다양성을 보존하고, 자연 서식지를 복원할 수 있다. 변화된 글로벌 환경에서는 전통적으로 군사 전략과 전술의 중심지였던 워룸이 그린룸으로 진화할 수 있다. 이러한 공간은 긴급한 환경 문제를 해결하기 위한 창의적인 솔루션을 브레인스토밍하고 실행하는 데 전념하게 될 것이다. 기후 변화에 대응하기 위해서는 경쟁에서 협력으로 전략을 전환하는 것이 필수적이다. 지식, 기술, 자원을 공유함으로써 글로벌 커뮤니티는 이 공동의 도전에 보다 효과적으로 대응할 수 있다. 기후 위기가 전개됨에 따라 글로벌 우선순위와 정책 목표를 재조정하는 것이 필수적이다.

이 장에서는 기후 변화에 대한 국가적 대응을 촉진하는 몇 가지 방법을 제시하고, 신냉전 시대에 기후 변화에 대응하지 않으면 미래에 대한 불확실성이 커질 수 있다는 점을 인식할 것이다. 신냉전 시대의 기후 변화에 대한 국가 간 분쟁과 논쟁은 해수면 상승으로 인한 재해, 식량 문제, 물 부족, 경관 변화 등 인류가 직면한 수많은 재앙을 방치하는 결과로 이어질 수 있다. 이산화탄소 배출량 증가와 핵전쟁의 위험으로 인한 티핑 포인트는 의심할 여지없이 인류에게 가장 큰 위험을 초래할 것이다. 기후 변화의 결과는 느리고 광범위하며 오래 지속되는 반면, 핵전쟁의 영향은 갑작스럽고 국지적이며 잠재적으로 재앙적일 수 있다. 이 두 가지 위협은 모두 광범위한 고통을 야기하고 인류와 지구의 미래에 심각한 위험을 초래할 수 있으므로 긴급한 주의가 필요하다.

역설적으로 기후 변화 완화 및 적응 노력에 우선순위를 두는 것은 신냉전 시대에 핵전쟁의 위험을 줄이기 위한 논리적이고 전략적인 접근법이다. 각국은 협력을 촉진하고, 자원 경쟁을 줄이고, 경제적 상호 의존성을 증진하고, 신뢰를 구축하고, 글로벌 거버넌스를 강화함으로써 모두를 위해 더욱 안전하고 지속 가능한 미래를 만들기 위해 노력할 수 있다. 점점 더 상호 연결된 세상에서 기후 변화 대응의 시급성은 그 어느 때보다 절실하다. 지정학적 긴장과 디지털 경쟁의 신냉전 시대는 기후 변화라는 글로벌 도전에 또 다른 복잡성을 더하고 있다. 이 장에서는 기후 변화와 신냉전의 맥락에서 지속 가능한 DMZ의 중요성을 살펴본다.

5-1

시간이 촉박합니다: 글로벌 위협

지구를 거대한 시계라고 상상해 보자. 시계 바늘은 끝없이 돌고 있다. 똑딱똑딱, 똑딱똑딱, 똑딱똑딱. 한 바퀴 돌 때마다 지구는 조금씩 더워지고, 날씨 패턴은 더 불규칙해지며, 자연 서식지는 더욱 황폐해져 간다. 이 것은 창의적인 작가나 지나치게 상상력이 풍부한 과학자가 만들어 낸 이야기가 아니라, 세상의 모든 틈새와 틈새로 조용히 스며들고 있는 엄연한 현실이며 임박한 파멸이다. 기후 변화는 실제 일어나고 있으며, 가장 중요한 것은 우리가 준비되기를 기다리지 않는다는 것이다.

많은 국가의 산업화로 인해 화석 연료의 연소가 증가했고, 이로 인해 지구 대기에 열을 가두는 온실가스 배출이 증가하여 지구 기온이 상승하고 있다. 기후 변화는 환경, 경제, 사회에 심각한 위험을 초래하는 중대하고 시급한 글로벌 문제라는 것은 아무리 강조해도 지나치지 않는다. 지구 기후 변화가 현재와 같은 추세로 지속된다면 지구 생태계는 균형을 잃고 동식물은 물론 인간의 삶과 생계에도 광범위한 영향을 미칠 것이다.

기후 변화의 위기는 꽤 오래전부터 인식되어 왔다. 국가 간 기후 변화에 대처하기 위한 런던 의정서는 1979년 제3차 오존층 보호에 관한 비엔나 회의에서 채택되어 1989년 1월 1일에 발효되었다. 이 의정서는 오존층을 파괴하는 물질인 염화불화탄소(CFC)의 생산과 사용을 규제하는 최초의 국제 협약이라 한다. 1992년 브라질 리우데자네이루에서 열린 유엔 환경개발회의(UNCED)에서 기후 변화에 관한 유엔 기본 협약이 채택되었다. 이는 온실가스 배출과 지구 온난화에 대처하기 위한 국제 협력의 첫걸음으로 1994년 3월 21일에 발효되었다. 교토 의정서는 1997년 일본 교토에서 열린 제3차 유엔 기후 변화 당사국 총회에서 채택되어 2005년 2월 16일에 발효되었다. 온실가스 배출량을 1990년 수준보다 평균 5.2% 감축한다는 구체적인 목표를 설정한 국제 협약이 이루어졌다.

역사상 가장 야심 찬 기후 변화 협약은 2015년 12월 파리에서 열린 제21차 유엔기후변화협약 당사국 총회에서 채택되어 2016년 11월 4일에 발효된 파리 협정이다. 기후 변화에 관한 파리 협정은 지구 온난화를 산업화 이전 대비 섭씨 2도 이하로 제한하고 가능한 한 섭씨 1.5도 이하로 유지하기 위한 국제 협약이다. 전 세계 인구의 약 80%를 차지하는 195개국이 서명했다. 이 협정은 선진국과 개발도상국 모두에게 온실가스 배출을 줄이기 위해 노력하는 동시에 개발도상국의 기후 변화 적응 노력을 지원할 것을 촉구하고 있다.

파리 협정은 의심할 여지없이 지구 온난화를 늦추기 위한 중요한 진전이다. 그러나 협정이 성공하기 위해서는 모든 당사자가 약속을 이행해야 한다. 가장 주목할 만한 활동 중 하나는 다보스에서 열린 2020 세계경제포럼으로, 세계 경제의 다양한 분야의 리더들이 모여 오늘날 세계가 직면한 가장 중요한 과제에 대한 해결책을 찾기 위해 모였다. 회의의 주제는 '응집력 있고 지속 가능한 세상을 위한 이해관계자'였다. 회의의 목적은 '이해관계자 자본주의'를 구체적으로 정의하고 국제기구와 각국 정부가 파리 협정을 이행할 수 있도록 지원하는 것이었다. 다보스의 임원들은 모든 것이 변화하고 있으며, 전 세계와 미래 세대에 극적인 영향을 미치고 있는 자원 부족과 이산화탄소 및 온실가스 배출을 막는 데 초점을 맞춰야 한다고 강조했다. 세계경제포럼은 탄소 중립을 향한 투자자들의 괄목할 만한 노력을 주목했다. 국제에너지기구의 최근 추정에 따르면 이 목표를 달성하려면 2035년까지 미화 53조 달러 이상의 투자가 필요하다고 한다. 하지만 이 야심 찬 목표를 달성하기 위한 재정적 수단을 찾는 것이 중요한 과제로 남아 있다. 현재 상황에서는 재원 조달이 불확실한 상황으로 남아 있어 혁신적인 솔루션과 글로벌 협력이 필요하다.

각국의 기후 변화 협약 이행은 더디지만 기후 변화는 점점 더 심각해지고 있다. 민간 차원에서 그레타 툰베리는 2019년 유엔 기후행동 정상회의에서 열정적인 연설을 통해 기후 변화가 젊은이들과 전 세계에 미치는 끔찍한 결과를 강력하게 상기시켰다. 그레타 툰베리는 세계 지도자들에게 지금 이 순간을 포착하고 기후 위기에 정면으로 맞서기 위해 신속하고 단호한 조치를 취해 모두에게 지속 가능하고 희망찬 미래를 보장할 것을 촉구했다. 2021년 9월 28일 이탈리아 밀라노에서 열린 Youth4Climate 행사에서 그녀는 이렇게 말했다. "우리의 희망과 꿈은 그들의 공허한 말과 약속으로 가라앉고 있다. 그들은 30년 동안 이야기를 해 왔지만 결과는 어디로 갔습니까? 우리는 여전히 이 위기를 극복할 수 있다. 하지만 지금 행동하지 않으면 우리는 실패할 것이다." 툰베리의 연설에서 '어쩌고저쩌고(bula bula)'는 기후 변화에 대해 행동하지 않고 말만 하는 세계 지도자들을 비판하는 표현이다. 그녀는 또한 세계 지도자들에게 "우리는 더 이상 그들의 말을 듣고 싶지 않고 행동을 보고 싶으며, 행동할 때가 바로 지금이다."라고 말했다.

기후 변화의 시급성에도 불구하고 재생 에너지로의 전환과 관련 인프라 및 정책의 실행은 몇 가지 도전에 직면해 있다. 많은 국가가 내수용과 수출용 모두 화석 연료에 크게 의존하는 경제 구조를 가지고 있다. 이러한 전통적인 에너지원으로부터의 전환은 잠재적으로 경제적 안정성을 저해할 수 있다. 또한 재생 에너지가 장기적으로는 비용 효율성이 더 높을 수 있지만, 재생 에너지 기술에 필요한 초기 투자 비용이 상당하기 때문에 많은 국가들이 어려움을 겪을 수 있다.

또 다른 중요한 문제는 신재생 에너지의 저장이다. 태양광과 풍력 같은 재생 에너지원은 본질적으로 간헐적이다. 이러한 간헐성에 대응하는 데 필요한 효율적이고 대규모의 에너지 저장 솔루션은 아직 개발 단계에 있기 때문에 많은 국가가 재생 에너지에만 의존하는 것은 어려운 일이다. 화석 연료를 중심으로 구축된 전체 에너지 그리드가 재생 에너지원의 고유한 요구 사항을 수용하기 위해 구조 조정 또는 정밀 점검이 필요할 수 있다는 사실은 문제를 더욱 복잡하게 만든다.

정책 측면에서는 많은 지역에서 기존 에너지 정책과 규정이 여전히 재생 에너지원보다 비신재생 에너지원을 선호하고 있다. 이러한 고착화된 시스템을 바꾸려면 정치적 의지가 필요한데, 기존 화석 연료 업계의 로비와 압력으로 인해 때때로 신재생 에너지의 의지가 꺾일 수 있다.

대중의 인식 또한 중요한 역할을 한다. 일부 지역에서는 재생 에너지 전환의 장기적 이점에 대한 오해나 인식 부족으로 인해 재생 에너지 도입에 대한 저항이 있을 수 있다. 또한 재생 에너지 기술이 크게 발전했지만, 이러한 기술을 더욱 효율적이고 광범위하게 적용하기 위해서는 지속적인 연구와 개발이 필수적이다.

토지 사용도 논쟁의 여지가 있는 문제일 수 있다. 태양광 발전소나 풍력 발전 단지와 같은 일부 재생 에너지원은 광활한 토지를 필요로 한다. 이는 특히 인구 밀도가 높은 지역에서 잠재적인 토지 사용 갈등으로 이어질 수 있다. 또한 기존 에너지 부문의 일자리 손실에 대한 우려는 재생 에너지로의 급격한 전환에 대한 저항으로 이어질 수 있다.

마지막으로 지정학적 문제도 무시할 수 없다. 막대한 화석연료 매장량을 보유한 국가는 이러한 자원에 대한 전략적, 경제적 이해관계로 인해 재생 에너지로의 전환에 저항할 수 있다. 이러한 문제를 해결하려면 단순한 기술 솔루션을 넘어 사회 정치적, 경제적 전략을 통합하는 총체적인 접근 방식이 필요하다. 이러한 재생 에너지로의 전환과 관련 인프라 및 정책의 실행은 각국의 지리적 특성, 지정학적 위치, 경제적 수준의 차이 등으로 개별 국가가 스스로 기후 변화에 대응하기 힘들다.

국제 기후 정책 영역에서 파리 협정은 국가 간 협력적인 환경 관리를 촉진하는 초석이다. 이 협정의 주요 특징은 국제적으로 이전 가능한 완화 결과(ITMO) 개념이다. 이 개념은 파리 협정 제6조에 국가들이 검증된 배출량 감소에 대한 크레딧을 교환할 수 있도록 허용함으로써 국가가 결정한 기여(NDC)를 보다 효율적으로 충족할 수 있도록 지원함으로써 온실가스 배출을 줄이는 비용을 각국이 협력하여 글로벌 온실가스 배출 감소를 촉진 이행을 촉구하고 있다.

국가결정기여(NDC)는 기후 변화에 관한 국제조약인 파리 협정에 따라 국가들이 맺은 약속이다. 각 국가는 온실가스 배출을 줄이기 위한 자체 목표를 설정하고 이러한 목표를 달성하기 위해 취할 구체적인 조치를 간략하게 설명한다. 이는 각 국가가 고유한 상황과 역량을 기반으로 배출 감소 및 기타 기후 관련 개선 측면에서 현실적으로 달성할 수 있는 것이 무엇인지 결정하는 것이다. NDC의 목적은 지구 온난화를 산업화 이전 수준에 비해 섭씨 2도 이하, 이상적으로는 섭씨 1.5도까지 집합적으로 제한하는 것이다. 이러한 기여는 각 국가의 가능한 최대 노력을 반영하여 야심차게 계획되었으며, 시간이 지남에 따라 야심찬 수준을 높이기 위해 5년마다 업데이트한다.

본질적으로 NDC는 결합될 때 기후 변화에 대처하기 위한 전 세계적 노력에 기여하는 개별 실행 계획과 같다. 이는 국가가 기후 온난화에 맞서는 전 세계적 투쟁에 기여하겠다고 약속하고 지속 가능한 개발에 대한 의지를 보여 주는 주요 수단을 나타내기 때문에 매우 중요하다.

국가결정기여(NDC)를 현실화하기 위해 국제적으로 이전 가능한 완화 결과(ITMO)의 본질은 한 국기가 다른 국가에 판매할 수 있는 정량화 가능한 배출 감소를 제공하는 능력에 있다. 이 시스템은 구매 국가가 기후 약속을 달성하도록 지원할 뿐만 아니라 판매 국가가 국내 기후 이니셔티브 또는 지속 가능한 개발 프로젝트에 재투자할 수 있는 권한을 부여한다. 결정적으로, 제6조에 따라 확립된 프레임워크는 이러한 이전이 환경 무결성과 투명성을 유지하도록 보장하고 배출량 감소의 이중 계산을 방지하기 위해 강력한 회계 관행을 요구하고 있다.

신냉전의 맥락에서 지정학적 긴장이 심화됨에 따라 ITMO는 환경 전략이 어떻게 국제 관계에서 가교 역할을 할 수 있는지를 보여 주고 경제적 투자와 환경 보존을 위한 이중 경로를 제공할 수 있다. 이 메커니즘은 글로벌 기후 행동을 추진할 뿐만 아니라 현대 국가 정책과 글로벌 환경 거버넌스의 서로 얽힌 운명을 반영하여 보다 광범위한 국제 협력과 지속 가능한 개발을 위한 촉매제 역할을 할 수 있다.

5-2

지구를 위협하는 가장 무서운 무기

지구를 가장 위협하는 두 가지 티핑 포인트는 핵무기 사용과 기후 변화이다.

핵무기 사용의 티핑 포인트는 핵전쟁의 시작이다. 핵전쟁은 인류에게 치명적인 결과를 초래할 수 있으므로 어떤 대가를 치르더라도 피해야 한다. 핵전쟁이 시작될 수 있는 이유는 여러 가지가 있다. 한 가지 가능성은 국가 간의 분쟁이 핵전쟁으로 확대되는 것이다. 또 다른 가능성은 테러리스트 조직이 핵무기를 사용하여 공격을 감행하는 것이다. 마지막으로 기계 오작동이나 사람의 실수로 핵전쟁이 발발할 수 있다. 이것이 아마도 신냉전의 가장 큰 두려움일 것이다. 이러한 극적인 사건은 돌이킬 수 없고 순식간에 일어나며 파괴적이다. 수백만 명이 사망하고 지구 환경이 파괴될 것이다. 경제는 붕괴되고 사회는 붕괴될 것이다. 핵 티핑 포인트는 인류의 종말을 불러올 수 있다.

기후 변화의 티핑 포인트는 복잡한 시스템에서 작은 변화가 중대하고 잠재적으로 돌이킬 수 없는 결과를 초래할 수 있는 중요한 임계점이다.

기후 변화의 맥락에서 티핑 포인트는 대기 중 온실가스, 주로 이산화탄소(CO_2)의 축적이 치명적이고 돌이킬 수 없는 기후 변화로 이어지는 돌이킬 수 없는 지점을 의미한다. 티핑 포인트를 넘으면 기후 변화는 더 이상 인간이 통제할 수 없으며 예측할 수 없는 결과를 초래할 수 있다. 화석 연료 연소, 삼림 벌채 등 인간 활동으로 인한 CO_2 배출량 증가로 대기 중 CO_2 농도가 급격히 상승하여 지구 기온이 상승하고 극지방 만년설이 녹고 해수면이 상승하며 기상 이변이 빈번해지는 등 다양한 악영향을 초래하고 있다. CO_2 배출이 계속 감소하지 않는다면 지구는 티핑 포인트에 도달하여 광범위한 종의 멸종으로 이어지고 잠재적으로 인간이 살 수 없는 지구가 될 수 있다.

예를 들어, 그린란드 빙상은 지난 수십 년 동안 해양으로의 얼음 방출과 대기 온도 상승으로 인한 지표면 융해로 인해 질량이 감소하고 있다. 지표면 녹는 현상은 알베도 효과에 의해 더욱 가속화되고 있는데, 이는 구름의 감소와 관련이 있다. 알베도 효과는 하얀 얼음은 햇빛을 반사하는 반면 어두운 바닷물은 햇빛을 흡수하는 현상이다. 이로 인해 더 많은 열이 바다로 전달되고 얼음이 더 빨리 녹는다. 그린란드 빙상이 완전히 녹으면 해수면이 약 7미터 상승할 것으로 추정된다. 또한 북부 영구 동토층에는 죽은 식물 물질에 많은 탄소가 포함되어 있다. 대기 온도 상승으로 영구 동토층이 녹으면 탄소는 이산화탄소와 메탄의 형태로 방출된다. 영구 동토층이 녹으면 화재 위험이 증가하고 생태계에 변화를 일으킬 수도 있다.

이러한 티핑 포인트는 기후 변화의 심각성과 시급성을 보여 준다. 산업화 이전 대비 기온 상승을 1.5℃로 제한하려면 2050년까지 이산화탄소 배출량을 0으로 줄여야 한다. 기후 변화의 맥락에서 티핑 포인트는 작은 변화가 갑작스럽고 돌이킬 수 없는 더 크고 중대한 변화를 일으킬 만큼 중요해지는 시점을 말한다. 이산화탄소로 인한 티핑 포인트에 도달하면 특정 티핑 포인트와 그로 인한 기후 변화 영향의 크기에 따라 영향이 달라지기 때문에 정확히 얼마나 많은 사람이 사망할지 예측하기는 어렵다. 그러나 이러한 사건은 지구의 시스템과 인구에 심각한 결과를 초래할 것이 분명하다.

CO$_2$ 증가로 인한 티핑 포인트와 핵전쟁의 위협은 모두 인류와 환경에 심각한 위험을 초래하지만, 그 위험의 성격과 규모는 서로 다르므로 별도의 고려가 필요하다. 기후 변화와 핵전쟁의 상대적 위험에 대한 관점은 매우 다양할 수 있기 때문에 모든 국가, 국제기구 또는 개인이 어떤 위협을 더 위험하다고 생각하는지에 대해 포괄적으로 말하기는 어렵다. 그러나 일반적으로 통용되는 몇 가지 의견에 대한 개괄적인 개요는 제공할 수 있다.

많은 국가와 국제기구가 기후 변화로 인한 실존적 위협을 점점 더 인식하고 있다. 유엔은 파리 협정과 기후 변화에 관한 정부 간 협의체(IPCC)를 통해 지구 온난화 및 관련 위험에 대처하는 것이 시급함을 강조했다. 또한 유럽연합과 여러 개별 국가들은 온실가스 배출을 줄이고 재생 에너지원으로 전환하기 위한 야심 찬 목표를 세우고 이를 실천하기 위해 노력하고 있다. 여론 조사에 따르면 전 세계적으로 점점 더 많은 사람들이 기후 변화를 주요 위협으로 인식하고 있다고 한다.

한편, 핵전쟁의 위험은 많은 국가, 특히 오랜 지정학적 경쟁 관계에 있거나 핵 분쟁의 역사가 있는 국가들에게 여전히 중요한 관심사이다. 러시아와 우크라이나, 인도와 파키스탄, 북한과 미국 등 핵무장 국가 간의 지속적인 긴장은 핵 위협의 지속적인 관련성을 강조한다. 유엔과 국제원자력기구(IAEA)와 같은 국제기구는 핵 군축과 비확산을 위한 노력을 계속하고 있다.

기후 변화와 핵전쟁의 위험은 상호 배타적인 것이 아니며, 둘 다 중대한 위협으로 인식되고 있다. 최근 몇 년 동안 기후 변화에 대한 관심이 높아졌지만, 핵 분쟁의 위험은 여전히 많은 사람들에게 중요한 관심사이다. 글로벌 안보에 대한 가장 효과적인 접근 방식은 두 가지 위협에 모두 대처하여 재앙적 결과의 가능성을 최소화하고 인류와 지구를 위한 지속 가능한 미래를 보장하는 것이다.

5-3

워룸에서 그린룸으로: 기후 변화 정책의 용도 변경

기후 변화에는 전 세계적인 대응이 필요하며, 이는 각국의 정책 접근 방식을 재고하고 용도를 변경해야 함을 의미한다. 가장 큰 위협이 더 이상 외세가 아니다. 지구 온난화의 불안정한 힘인 시대에는 전쟁을 계획하고 전략을 세우는 데 사용되던 정책실이 환경 문제와 기후 변화에 대응하는 전용 공간인 '그린룸'으로 전환되어야 한다.

기후 대응이라는 대전환의 시대를 맞아 보안에 대한 접근 방식이 크게 변모하고 있다. 단순히 기존 시스템을 재구성하는 데 그치지 않고 보안의 본질을 재정의하는 혁신적 여정을 시작하고 있다. 더 이상 잠재적인 외부 위협에만 시선을 고정하지 않을 것이다. 우리의 경계는 우리를 둘러싼 환경으로 확장될 것이며, 기후 변화의 영향이 확대되는 상황으로부터 우리가 공유하는 지구를 보호하는 데 중점을 둘 것이다.

마찬가지로 용도 변경 정책은 단순한 자원 재할당이 아니다. 이는 국가 목표의 근본적인 재조정을 요구한다. 이제 국가 안보에 대한 기존의 개념에서 지구 안보에 대한 폭넓은 이해로 관심이 옮겨가고 있다. 이 새로운 패러다임에서 기후 변화로 인한 도전은 국경이 없는 것으로 인식되고 있으며, 위협만큼이나 포괄적이고 글로벌한 해결책이 필요하다. 기후 변화라는 전 지구적 도전은 정치적, 지리적 경계를 초월하며 그 영향을 완화하기 위한 통합적인 접근 방식을 요구한다. 지정학적 긴장과 디지털 경쟁의 신냉전 시대에는 환경적 지속 가능성을 우선시하는 것이 더욱 중요하다. 2장과 3장에서 논의한 비무장 지대의 맥락에서 기후 변화에 대응하려면 모두를 위한 지속 가능한 미래를 보장하기 위한 공동의 노력이 필요하다.

디지털 경제가 계속 성장함에 따라 데이터 센터와 디지털 인프라의 에너지 소비가 빠르게 증가하고 있으며, 이는 전 세계 탄소 배출에 기여하고 있다. 이에 대응하여 네트워크 보안 DMZ는 재생 에너지원, 에너지 효율적인 냉각 시스템, 첨단 데이터센터 설계와 같은 친환경 기술을 구현함으로써 에너지 효율성과 지속 가능성을 높일 수 있도록 진화해야 한다. 네트워크 보안 DMZ 내에서 지속 가능한 관행을 장려함으로써 정보통신기술(ICT) 부문은 탄소 발자국을 크게 줄이고 기후 변화에 대처하는 데 도움을 줄 수 있다.

환경 지속 가능성에 대한 MZ세대의 헌신은 이들을 탈냉전 시대의 이상적인 변화의 주체로 만든다. 기후 변화에 대처할 수 있는 교육과 역량을 갖춘 이들은 다양한 분야에서 지속 가능한 비무장 지대의 개발을 주도할 수 있다. 디지털 외교, 국제 협력, 혁신적 솔루션에 MZ세대가 참여하도록 장려하면 모두를 위한 보다 지속 가능한 미래를 만드는 데 도움이 될 것이다.

기후 변화에 대응하고 지속 가능한 비무장 지대를 만드는 것은 개별 주체들만의 책임이 아니며, 정부와 민간 부문도 환경 지속 가능성을 중진하는 데 적극적인 역할을 해야 한다. 정부는 친환경 기술 채택을 장려하는 정책과 규제를 시행함으로써 혁신과 발전의 분위기를 조성할 수 있다. 마찬가지로 민간 기업도 지속 가능한 관행에 투자하고 환경 이니셔티브를 지원함으로써 모범을 보일 수 있다. 신냉전 시대의 기후 변화의 시급성은 국가, 민간 부문, 개인 간의 협력을 포괄하는 지속 가능한 비무장화에 대한 총체적인 접근을 요구한다. 이러한 글로벌 도전에 대응하기 위해 단결함으로써 우리는 다음 세대를 위해 더욱 지속 가능하고 번영하는 미래를 만들 수 있다.

냉전 시대를 연상시키는 이 시대에 강대국 간의 긴장과 전략적 경쟁이 심화되면서 기후 변화 대응에 대한 시급한 필요성은 전통적인 지정학적 구분을 뛰어넘는 공동의 관심사로 부각되고 있다. 이 보편적 과제는 드물게 이해관계가 충돌하는 사안으로, 외교적 관여를 재구성할 수 있는 기회를 제공한다.

한반도의 오랜 핵 문제를 생각해 보자. 기후 변화가 이 지역에 미치는 심대한 영향은 남북한이 역사적 차이를 넘어서는 통합의 힘으로 작용할 수 있다. 조림, 재생 에너지 공동 개발, 공동 재난 대응과 같은 이니셔티브는 신뢰와 상호 의존을 위한 길을 제공할 수 있다. 이러한 환경 중심의 협력은 자연스럽게 더 광범위한 외교적 참여, 나아가 비핵화와 지역 평화에 대한 논의로 이어질 수 있다.

영토 분쟁과 역사적 긴장으로 가득 찬 우크라이나와 러시아 사이의 역학 관계도 환경 중심 외교의 혜택을 받을 수 있다. 청정 에너지 안보 또는 지속 가능한 개발에 초점을 맞춘 협력 노력은 상호 이점을 창출할 수 있다. 기후 문제를 해결함으로써 양국은 안정적이고 번영하는 미래에 대한 비전을 공유하여 정치적 긴장을 간접적으로 개선할 수 있다.

기후 외교의 잠재력은 몇 가지 기본 기둥에 달려 있다.

첫째는 기후 변화 대응 협업을 통한 상호 신뢰 구축이다. 상호 협력 기후 프로젝트에 참여하려면 본질적으로 투명한 소통과 협력이 필요하다. 보편적인 목표를 중심으로 한 이러한 공동 사업은 신뢰의 토대를 마련한다.

둘째는 글로벌 책임 공유이다. 기후 변화의 포괄적인 특성은 전 세계적인 상호 연결성을 강조하며, 각국이 고립된 이해관계를 넘어서는 시각을 갖도록 유도한다.

셋째는 녹색 경제 기회를 통한 각국의 안정된 경제 성장이다. 새롭게 부상하는 지속 가능한 경제는 막대한 잠재력을 제공한다. 영토 분쟁에서 공동의 녹색 성장으로 초점을 전환하면 양자 간 참여의 성격이 달라질 수 있다.

넷째는 다자간 플랫폼 강화이다. 글로벌 기후 문제를 해결하려면 다자간 기관을 강화하여 지속적인 대화 채널을 제공해야 한다.

다섯째는 지속 가능성 중심의 국가 간 평화 노력이다. 녹색 재건이나 재생 가능한 부문의 일자리 창출 등 지속 가능한 전략을 평화 구축 노력에 도입하면 자원 부족과 같은 분쟁의 근본 원인을 해결할 수 있다.

후속 토론에서는 특히 유라시아와 같이 지정학적으로 민감한 지역에서 기후 외교의 중추적인 역할에 대해 집중적으로 논의할 것이다. 좀 더 자세히 살펴보면 기후 변화와 환경 문제를 해결하는 것이 지속적인 평화와 안정의 열쇠가 될 수 있음을 알 수 있다.

5-4

국경 간 프로젝트

기후 변화는 국경이나 정치적 이념에 따라 차별을 두지 않는 보편적인 위협이다. 더 빈번하고 심각한 자연재해부터 해수면 상승에 이르기까지 기후 변화는 모든 국가에 영향을 미치고 있다. 이러한 공동의 위협을 인식하는 것이 기후 변화를 공동의 적으로 대하는 첫 번째 단계이다. 이 첫번째 단계는 글로벌 협력과 갈등 해결에 대한 새로운 관점을 제공할 수 있다. 국가들은 이 공동의 위협에 맞서기 위해 함께 힘을 모음으로써 더 강한 유대감을 형성하고 다른 분쟁과 의견 불일치를 해결하는 데까지 확장할 수 있는 글로벌 일체감을 조성할 수 있다.

각국에는 재생 에너지를 통해 이산화탄소 제로를 달성하기 위해 국경을 초월해 협력하자는 프로젝트가 있다. 대륙 간 슈퍼 그리드는 여러 국가를 연결하여 재생 에너지 자원의 교환과 공유를 촉진하는 것을 목표로 하는 초국가적 전력 전송 네트워크이다. 태양광, 풍력, 수력 등 재생 에너지 자원에서 생산된 전기를 효율적으로 송전하기 위해 여러 국가에 걸쳐 고압직류송전(HVDC) 그리드를 구축하는 것이 포함된다.

예를 들어, 북해 국가 해상 그리드 이니셔티브(NSCOGI)는 벨기에, 덴마크, 독일, 네덜란드, 노르웨이, 스웨덴 등 여러 국가 해역에 위치한 풍력 발전 단지를 연결하는 북해 지역의 통합 해상 그리드를 개발하기 위한 프로젝트이다. 이 프로젝트는 국가 간 해상 풍력 에너지 교류를 촉진하여 재생 가능 자원의 협력과 효율적인 사용을 촉진하는 것을 목표로 한다. 노르딕 에너지 링크는 노르웨이와 영국이 제안한 협력 프로젝트로 노르웨이의 풍부한 수력 자원과 영국의 청정에너지 수요 증가를 활용하여 노르웨이에서 영국으로 재생 에너지, 특히 수력을 송전하는 것을 목표로 하며, 양국 간 재생 에너지 교류를 촉진하기 위해 추진되고 있다. 이러한 유럽 해상 풍력 발전 단지 상호 연결 프로젝트는 유럽 슈퍼 그리드와 함께 유럽 대륙 전체를 연결할 것이며 2050년까지 완공을 목표로 하고 있다.

다른 지역에서도 유사한 이니셔티브를 개발하고 있다.

2003년 시작된 Desertec은 북아프리카와 중동 사막의 방대한 태양열 및 풍력 에너지 잠재력을 활용하고 이 청정 에너지를 고전압 직류(HVDC) 송전선을 통해 유럽으로 송전하는 계획을 구상했다. 이 프로젝트는 유럽의 재생 에너지 목표 달성을 돕는 동시에 북아프리카와 중동 국가의 경제 발전을 촉진하기 위한 것이었다. 이 이니셔티브는 수년에 걸쳐 여러 가지 도전에 직면하고 범위와 파트너십에 다양한 변화를 겪었지만, 사막을 주요 재생 에너지원으로 활용한다는 개념은 여전히 매력적인 비전으로 남아 있다.

북미 슈퍼 그리드는 미국, 캐나다, 멕시코의 전력망을 연결하여 전력 공급과 수요의 균형을 맞추고 에너지 효율을 높이는 데 도움이 될 것으로 기대된다. 아직 계획 단계에 있지만 많은 국가가 이 프로젝트에 참여하고 있다. 미국 에너지부는 2030년까지 북미 슈퍼 그리드를 완성할 계획을 발표했다. 아시아 슈퍼 그리드는 한반도, 중국, 일본, 러시아를 연결하는 대륙 규모의 전력망이다. 이 프로젝트는 2009년에 처음 제안되었으며, 2016년에 4개국은 전력망 상호 연결을 추진하기 위한 양해각서를 체결했다. 아시아 슈퍼 그리드는 청정 에너지 생산, 에너지 수급 안정, 경제 성장을 촉진할 것으로 기대되지만, 신냉전 시대 4개국 간의 대립적인 관계로 인해 불확실성이 존재한다.

여러 이니셔티브가 재생 에너지 송전을 위한 국가 간 협력의 급증을 강조하고 있지만, 이러한 프로젝트의 진전은 여전히 불확실하다. 앞으로의 가장 중요한 과제는 기후 변화에 맞서기 위한 전 세계적인 노력을 가속화하는 것이다. 이러한 협력 벤처는 재생 가능 자원 활용을 최적화하고 친환경 에너지 미래로 나아가는 데 있어 국제 파트너십의 이점을 강조한다. 이 주제에 대한 자세한 내용은 다음 장에서 설명하겠다.

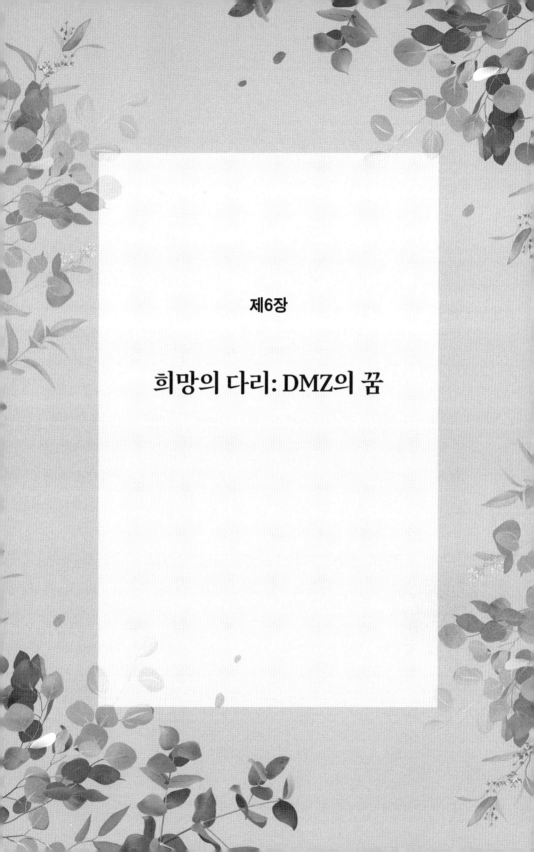

제6장

희망의 다리: DMZ의 꿈

새로운 유토피아에 대한 약속은 비무장 지대의 꿈이다. 분단의 상징에서 화합과 녹색 성장의 가교로 탈바꿈할 비무장 지대(DMZ)의 변화 과정을 자세히 살펴본다. 이 장은 유라시아의 지정학적 역할이 우리의 공동 미래를 이끌어가는 데 얼마나 중요한지 살펴본다. 이 광활한 유라시아 지역의 권력, 지정학적 관계, 경제적 이해관계의 상호작용이 어떻게 녹색 전환의 시대로 전환할 수 있는지 설명한다. 제5장의 연장선상에서 친환경 슈퍼 그리드 이니셔티브 놀라운 잠재력을 살펴본다. 또한 가스 파이프라인을 '광범위한 슈퍼 그리드'와 결합하는 수소에너지 생산 가능성의 야심 찬 계획도 상상해 본다. 이 비전은 새로운 에너지 이야기일 뿐만 아니라 새로운 유라시아의 평화와 협력에 대한 약속이다. 이러한 약속은 강력한 평화의 상징이자 유라시아 전역의 지속 가능하고 포용적인 성장을 위한 촉매제 역할을 하는 유라시아 슈퍼 DMZ의 개념이다. 마지막으로 유라시아 평화 회랑이 가져올 수 있는 가능성에 대한 잠재적 장애물을 검토하면서 앞으로 나아갈 길을 살펴볼 것이다.

유라시아의 지정학적 불안정성은 러시아와 우크라이나 간의 전쟁으로 인한 에너지 안보, 식량 안보 및 경제에 대한 직간접적인 위험이 증가하고 있다. 탈냉전 시대 이후 전환기에 있는 경제 국가들은 지역 불균형과 소득 불평등의 심화가 또 다른 국가 간 갈등을 촉발할 수 있음을 인식하고 있다. 이 장에서는 이러한 문제를 어떻게 생산적으로 해결할 수 있는지, 그리고 더 중요한 것은 러시아와 우크라이나 간의 전쟁을 종식시킬 수 있는 근거를 제시하고자 한다.

제안된 유라시아 슈퍼 비무장 지대는 한반도에서 몽골을 거쳐, 중앙아시아, 러시아, 중국, 우크라이나 그리고 폴란드를 연결하는 평화를 상징하는 재생 에너지 회랑이다. 이 프로젝트의 개발은 기후 변화에 대응하는 데 중요한 역할을 할 수 있다. 이 야심 찬 프로젝트는 화석 에너지를 대체하여 온실가스 배출을 크게 줄일 수 있는 잠재력을 가지고 있으며 모든 국가가 약속한 파리 협정을 생산적으로 달성함으로써 기후 변화의 영향을 최소화할 수 있다. 이 혁신적인 아이디어의 주요 목표는 평화, 번영, 환경적 지속 가능성의에 대해 동북아시아와 유라시아에 촉진하는 것이다. 기후 변화의 가장 부정적인 영향을 완화하는 것을 목표로 하는 이 완충 지대는 국제적인 협력을 강조한다. 전 세계의 목표가 탄소 순배출량 제로를 달성하는 것이라면, 유라시아 슈퍼 그리드 프로젝트처럼 통합적이고 생산적인 접근 방식이 필수적이다.

6-1

유라시아 지정학의 중요성

지정학은 한 국가의 지리적 위치가 정치와 경제에 미치는 영향을 연구하는 학문이다. 지정학의 창시자는 영국의 지리학자 하포드 존 매킨더이다. 런던 정경대학(LSE)의 교수인 매킨더는 1904년 왕립지리학회에서 「지리학으로 본 역사의 축」이라는 논문을 발표했다. 이 논문에서 매킨더는 '심장부'라는 개념을 소개했다. 심장부는 유라시아 대륙의 중심에 있는 러시아를 포함한 약 2,500만 평방 킬로미터의 면적에 동유럽, 몽골, 중앙 아시아 국가들을 포함한 여러 국가가 위치해 있다. 그는 이 지역이 세계의 심장부가 될 잠재력을 가진 다섯 가지 이유로 다음과 같이 제시했다. 첫째, 세계에서 가장 큰 내륙 지역이다. 둘째, 자원이 풍부한 지역이다. 셋째, 쉽게 방어할 수 있는 지역이다. 넷째, 유럽과 아시아를 연결하는 교통의 요충지에 위치해 있다. 다섯째, 강력한 군대를 유지할 수 있다.

매킨더의 '심장부' 이론은 제2차 세계 대전과 냉전 시기 미국과 소련의 전략에 큰 영향을 미쳤다. 매킨더의 이론은 오늘날에도 여전히 논쟁의 대상이 되고 있으며, 일부는 매킨더가 심장부의 중요성을 과대평가했다고 주장하고, 다른 일부는 그의 이론이 여전히 유효하다고 주장한다. 이러한 심장부는 유럽과 아시아에 걸쳐 있고 대서양 연안에서 태평양가장자리까지 뻗어 있다. 그리고 지구 면적의 약 40%를 차지한다(5,300만 km²). 유라시아의 인구는 약 49억 명으로 전 세계 인구의 약 70%이며 유라시아의 GDP는 약 25조 달러로 전 세계 GDP의 약 60%에 달한다.

유라시아 대초원은 서쪽의 다뉴브강 하구에서 동쪽의 몽골 동쪽 변두리까지 약 8,000km에 이르는 넓은 띠로 세계에서 가장 큰 연속 초원 지역 중 하나다. 가장 넓게는 카자흐스탄 북부에서 우크라이나 남부 국경까지 약 2,000km에 이른다. 지리적으로 여러 국가에 걸쳐 있다. 유럽의 헝가리와 불가리아에서 시작하여 우크라이나, 러시아, 중앙아시아의 카자흐스탄을 거쳐 동아시아의 몽골과 만주에 이르고 있다. 이 광활한 초원은 전 세계 초원의 약 4분의 1을 차지한다. 특히 우크라이나와 러시아에 접해 있는 이 지역은 '검은 토양' 또는 '체르노젬'으로 알려진 비옥하고 풍부한 토양으로 농업, 특히 곡물 재배와 목초 기반 축산업에 적합한 것으로 알려져 있다. 대초원의 규모가 크기 때문에 기후가 균일하지 않아 다뉴브강 근처의 서쪽은 습한 기후를 띠고, 동쪽으로 갈수록 점점 건조해져 반사막을 거쳐 몽골의 고비사막에 이른다. 대초원은 인구 밀도가 낮은 지역에서 재생 에너지와 식량을 생산할 수 있는 엄청난 잠재력을 가지고 있다고 할 수 있다.

1) 유라시아의 대초원

더불어 유라시아는 최근 수십 년 동안 경제 발전의 핵심이 되어 온 풍부한 천연자원을 보유하고 있으며, 이는 유라시아의 에너지 미래에서도 중요한 역할을 할 것이다. 러시아에서의 방대한 가스 매장량부터 중앙아시아 카스피해의 대규모 석유 매장량과 풍력 및 수력 발전의 잠재력, 한국과 중국의 재생 기술 리더십까지, 유라시아는 친환경 에너지 강국이 될 준비가 되어 있다. 하지만 이러한 자원을 역내의 이익을 위해 활용하려면 협력과 조율된 정책 결정이 필수적이다. 자원을 공유하고 기술을 보급하며 환경 영향을 최소화하는 방법을 결정할 때 지정학의 전략적 상호작용이 작용한다. 에너지 안보를 위한 노력은 유라시아에서 종종 분쟁을 불러일으켰으며, 재생 에너지로의 전환은 긴장을 완화하고 평화를 증진할 수 있는 기회를 제공한다. 청정 에너지가 풍부한 곳에서 가장 필요한 곳으로 청정 에너지를 공급하는 슈퍼 그리드로 연결된 지역은 지정학적 역학이 지역 안정과 공동 발전을 촉진하기 위해 어떻게 진화할 수 있는지 보여 준다.

경제적으로 유라시아는 선진국, 신흥국, 전환기 경제가 혼합되어 있다. 독일, 러시아, 중국과 같은 글로벌 경제 강국과 인도, 동남아시아 국가와 같이 빠르게 성장하는 신흥 시장, 중앙아시아의 과도기 경제 국가들이 이곳에 있다. 석유, 천연가스, 광물, 경작지 등 광대한 천연자원은 세계 경제에서 중요한 역할을 하고 있다. 그러나 이 지역은 삼림 벌채, 오염, 기후 변화의 영향 등 심각한 환경 문제와도 씨름하고 있다고 한다. 이러한 불균등한 경제 수준을 극복하기 위해서는 1장에서 정의한 세 가지 DMZ의 개발이 필요하다. 자원, 특히 풍력, 태양열, 물과 같은 재생 에너지원에 대한 평등하고 공정한 접근을 보장하는 것은 모든 국가에 매우 중요하다. 이러한 접근 방식은 지속 가능한 개발과 환경 보전을 촉진할 뿐만 아니라 국제적 형평성을 촉진하여 규모나 경제력에 관계없이 모든 국가가 번영하고 더 친환경적인 미래를 향해 나아갈 수 있도록 할 것이다.

유라시아는 단순한 물리적 공간이 아니라 지정학적 개념이다. 국가 간의 관계는 글로벌 정책에 영향을 미치고 국제 평화와 안보에 중요한 영향을 미친다. 남중국해에서 계속되는 긴장이든, 러시아와 우크라이나 간의 전쟁, 또는 중동에서의 영향력 쟁탈전 등 유라시아 내의 지정학적 역학은 세계를 형성하는 데 중요한 역할을 한다. 심장부 개념은 신냉전 시대에 다시 부활했다. 심장부의 세대별 인구 통계는 젊은 세대가 빠르게 성장하면서 빠르게 변화하고 있다. UN의 인구 통계에 의하면 2019년에 15~24세의 젊은이들이 하트 랜드 인구의 20%를 차지했다. 이는 전 세계 평균인 14%보다 높은 수치이다. 이러한 추세는 앞으로도 계속될 것으로 예상되며 이 지역의 사회, 경제, 정치적 역학 관계에 큰 영향을 미칠 것이다.

심장부는 러시아와 중국의 영향을 받는 국가들로 구성되어 있으며, 두 강대국 간의 분쟁에서 완충 지대 역할을 한다. 완충 지대에 속한 국가들은 일반적으로 경제적으로나 군사적으로 약하며 두 강대국과 함께 중요한 자원을 보유하고 있다. 따라서 동유럽과 중앙아시아에 위치한 심장부 완충 국가들은 복잡한 상황에 직면해 있습니다. 이들은 두 강대국 간의 갈등에 휘말리지 않으면서 경제 발전과 안보를 유지해야 한다. 따라서 심장부 완충 국가들은 경제 협력을 강화하고 안보 협력을 강화하며 자원을 보호하기 위한 조치를 취함으로써 어려움을 극복하기 위해 함께 노력해야 한다.

2장부터 5장까지 논의한 바와 같이, 유라시아 국가들이 협력적인 평화-구축에 있어 유라시아 국가들이 직면한 도전은 분명하다. 지정학의 복잡성과 역사적 긴장으로 인해 지속적인 화합을 도모하는 것은 어려운 과제이다. 그러나 지속 가능한 평화를 보장하는 목표는 현재에만 국한된 것이 아니라 미래 세대를 위한 약속이다. 우리의 책임은 그들에게 안정적이고 번영할 수 있는 환경을 제공하는 것이다. 이를 달성하기 위해 우리는 점점 더 압박을 받고 있는 지구의 회복에 우선순위를 두어야 한다. 기후 변화를 해결하는 것은 환경적 의무일 뿐만 아니라, 다음 세대를 위해 더 조화롭고 지속 가능한 세상을 만들기 위한 중요한 단계이다. 유라시아 슈퍼 그리드의 개념, DMZ의 개념은 환경 문제를 해결할 뿐만 아니라 외교적 협력의 길을 모색한다. 협력, 대화, 공동 연구 및 모범 사례 교환을 위한 공유 플랫폼을 제공함으로써 국가 간 격차를 해소하고 신뢰를 구축하는 것을 목표로 한다. '그린 코리도(Green Corridor, 녹색 회랑)'는 이들 국가를 연결하는 전용 통로 또는 구역으로, 지속 가능하고 친환경적인 이니셔티브를 강조한다. 이 회랑은 공동의 환경 및 외교적 목표를 문자 그대로 상징적으로 표현하는 동시에 공동의 도전에 직면하여 단합과 협력을 촉진하는 역할을 한다. 또한 환경 인식 캠페인 및 기술 훈련 프로그램과 같은 교육 이니셔티브를 위한 플랫폼으로 활용되어 지역 사회를 보존, 개발 및 협력 활동에 참여시킬 수 있다. 이러한 핵심 요소를 통합함으로써 유라시아 슈퍼 그린 DMZ는 광활하고 다양한 유라시아 대륙의 평화, 번영, 지속 가능성을 증진하기 위한 포괄적이고 조율된 접근 방식을 만들 수 있다. 이 프로젝트는 이 지역을 변화시키고 전 세계가 따라야 할 강력한 모범을 제시할 수 있는 잠재력을 가지고 있다.

분단된 한반도에서 시작해 중국을 관통하는 비무장 지대 회랑은 중국을 거쳐 몽골, 중앙아시아, 러시아, 동유럽에 이르는 이 회랑은 독특하고 혁신적인 기회를 제공한다. 이 회랑은 재생 에너지 솔루션의 개발과 실행을 위한 등대가 되어 역사적으로 긴장되고 분열된 지역을 단결, 지속 가능성, 미래 지향적 협력의 상징으로 바꿀 수 있다. 몽골에서 동유럽까지 이어지는 DMZ 회랑은 풍력과 태양열의 엄청난 잠재력을 활용한 재생 에너지 회랑은 지역 에너지 안보를 강화하고 탄소 배출을 줄이고 경제 발전을 위한 일자리를 창출할 수 있다. 확장된 유라시아 비무장 지대의 재생 에너지 잠재력을 활용하여 이 경로를 따라 위치한 국가들은 미래 세대를 위한 기후 변화 대응에 기여할 수 있을 뿐만 아니라 지역 협력을 촉진하고 에너지 안보를 강화하며 지속 가능한 개발을 촉진할 수 있다.

6-2

단결의 불꽃: 슈퍼 그리드

5장 4절에서는 대륙 간 슈퍼 그리드에 대해 설명했다. 이 국가 간 슈퍼 그리드는 글로벌 규모의 단결과 협력의 구체화이다. 이는 정치적, 문화적, 경제적 차이에도 불구하고 각국이 에너지 안보와 기후 변화라는 공통의 과제를 해결하기 위해 협력할 수 있다는 아이디어의 물리적 표현이다.

이 슈퍼 그리드는 다음과 같은 특징을 가질 수 있다.

슈퍼 그리드의 핵심 측면은 상호 연결성이다. 슈퍼 그리드는 국경을 초월하는 방대한 전기 공급망이다. 인터넷이 글로벌 커뮤니케이션과 정보 교환을 촉진한 것처럼 슈퍼 그리드는 에너지에서도 같은 역할을 할 수 있는 잠재력을 가지고 있다. 슈퍼 그리드는 또한 에너지 안보를 지원한다. 태양광 및 풍력, 농장부터 옥상 및 커뮤니티 마이크로그리드의 소규모 지역 설치에 이르기까지 다양한 환경에서 찾을 수 있다. 중요한 점은 재생 에너지는 지정학적 경계에 제약을 받지 않는다는 것이다. 이러한 보편성은 외딴 곳이나 소외된 지역에서도 깨끗하고 안정적인 전력을 이용할 수 있게 함으로써 에너지 안보와 형평성을 보장한다.

슈퍼 그리드는 최적의 자원 활용을 위해 재생 가능 자원의 지리적 다양성을 활용할 수 있다. 사막과 같이 일조량이 풍부한 지역에서는 태양 에너지를 활용할 수 있고, 바람이 많이 부는 평야와 해안 지역에서는 풍력, 수력 발전 광범위한 수역이 있는 지역에서는 수력, 지열 활동이 활발한 지역에서는 지열 에너지를 활용할 수 있다. 이러한 다각화를 통해 전 세계의 재생 가능한 자원을 최적으로 활용할 수 있으며 화석 연료에 대한 의존도를 줄인다. 이러한 기술은 기존 에너지원에 대한 실행 가능하고 지속 가능한 대안을 제공한다. 이러한 기술은 탄소 발자국을 줄일 뿐만 아니라 경제 성장과 에너지 독립을 에너지 독립을 촉진할 수 있다.

유라시아는 특히 기존 인프라를 통해 리소스 최적화를 위한 특별한 기회를 제공한다. 현재 러시아와 카자흐스탄의 액화천연가스(LNG)로 각국을 연결하는 파이프라인은 러시아 및 카자흐스탄 수소 에너지로 용도를 변경할 수 있다. 이러한 형태의 에너지는 수소 자동차와 수소 동력 공장에 활용되는 등 다용도로 활용될 뿐만 아니라 지속 가능하다. 기존의 LNG와 비교할 때 수소는 재생 가능한 에너지 대안으로 두드러진다. 또한, 적절한 투자와 기술만 있다면 수소는 풍력 에너지와 경쟁할 수 있는 잠재력을 가지고 있다. 수소 연료 전지는 LNG에서 수소를 추출하고 산소와 화학 반응을 일으켜 전기를 생성한다. 재생 에너지의 한 가지 장점은 수소 에너지를 생산할 수 있다는 점이다. 저장의 한계로 버려지는 재생 에너지 잉여 전력을 활용하면 수소 생산을 통해 재생 에너지 공급의 효율성을 높일 수 있다. 이는 전기차의 핵심인 리튬 배터리를 만드는 과정에서 발생하는 배터리 광물 채굴로 인한 환경 파괴를 극복할 수 있다는 장점이 있다.

슈퍼 그리드는 광대한 지역에 리소스를 풀링하고 분산함으로써 안정성을 보장한다. 안정성과 전력 생산 및 수요 변동에 대한 탄력성을 보장한다. 잉여 발전 지역과 부족한 지역의 균형을 맞춰 안정적이고 중단 없는 전력 공급을 보장할 수 있다. 지속 가능한 농업은 생물 다양성을 증진하고, 토양의 건강을 개선하며, 화학 물질 투입을 줄이고, 책임감 있게 자원을 관리함으로써 식량 생산과 환경 보존의 균형을 추구하는 혁신적인 농업 방식이다. 지속 가능한 농업 방법에는 유기농법, 혼합 임업, 농장 조직부터 디지털 기술을 활용한 정밀 농업 기술까지 다양한다. 자연 생태계와 생물 다양성을 존중함으로써, 이러한 관행은 더 건강하고 탄력적인 식품 시스템을 보장할 뿐만 아니라 기후 변화와 싸우는 데에도 도움이 된다. 또한, 지속 가능한 농업은 점점 더 많은 소비자가 환경 및 윤리적 가치에 부합하는 관행을 지지하기로 선택함에 따라 공정 거래와 책임감 있는 소비를 위한 길을 열어 준다.

또한 슈퍼 그리드는 급속히 발전하는 디지털 산업화에 대량의 전력 수요를 효과적으로 공급할 수 있는 방안이다. AI의 활성화로인한 데이터 센터 그리고 반도체와 전기를 이용한 운송체계는 대량의 전력이 필수 요건이다.

슈퍼 그리드 재생 에너지 인프라에 대한 상당한 투자는 촉진 일자리를 창출하고 경제 성장을 촉진한다. 또한 재생 에너지의 가격이 지속적으로 하락함에 따라 장기적으로 에너지 비용을 절감하여 모든 사람이 더 저렴하게 전기를 사용할 수 있게 한다. 자연과 인간의 발전이 조화롭게 공존하는 새로운 시대가 다가오고 있다. 이 비전은 지구의 건강과 아름다움을 보존할 뿐만 아니라 젊은 세대를 위한 일자리 기회도 창출하는 지속 가능한 성장을 촉진한다. 또한 기후 변화 대응이라는 공통의 목적을 중심으로 모든 세대를 통합하여 급속한 디지털화로 인해 심화된 세대 간 격차를 해소하는 것을 목표로 한다.

RE100은 기후 행동을 가속화하는 데 중점을 둔 국제 비영리 단체인 '기후 그룹'이다. 세계에서 가장 영향력 있는 기업 수백 개를 하나로 묶은 이 이니셔티브는 재생 에너지원으로부터 100% 전력을 공급받겠다는 공동의 약속 아래 진행된다. 재생 에너지 발전사와 전력 구매 계약(PPA) 체결, 재생 에너지 프로젝트 투자, 재생 에너지 인증서 renewable energy certificates(REC) 구매 등 다양한 방법으로 이 목표를 달성할 수 있다. 2023년 1월 현재 40개국 이상에서 약 360개의 RE100 회원사가 참여하고 있다. RE100 이니셔티브는 재생 에너지로의 글로벌 전환을 이끄는 주요 동력이다. RE100 회원사들은 100% 재생 에너지 전력 사용을 약속함으로써 재생 에너지에 대한 수요가 있다는 강력한 신호를 시장에 보내고 있다. 이는 재생 에너지 비용을 낮추고 전 세계 기업과 소비자가 재생 에너지에 더 쉽게 접근할 수 있도록 돕는다. 그러나 기업들이 이러한 약속을 어기면 수출에 어려움을 겪게 된다. 물론 RE100이 직면한 몇 가지 과제도 있다. 재생 에너지는 때때로 화석 연료보다 더 비쌀 수 있다. 특히 화석 연료 인프라가 깊숙이 자리 잡고 있는 지역에서는 더욱 그렇다. 예를 풍력 또는 태양열이 아직 널리 채택되거나 인센티브가 제공되지 않은 중동 일부 지역이나 석탄이 풍부한 아시아 지역의 경우 기업이 상당한 비용을 들이지 않고 RE100 약속을 이행하는 것은 어려울 수 있다. 국토면적이 작고 인구 밀도가 높은 국가인 경우 신재생에너지 설치에 많은 고충을 받고 있다. 그러므로 모든 지역에서 재생 에너지를 항상 사용할 수 있는 것은 아니며, 일부 정부에서는 기업이 RE100 약속을 이행하기 어렵게 만드는 규제 장벽이 있다. DMZ 슈퍼 그리드 지역은 이러한 문제에 대한 해결책이 될 수 있다. 해외에서 또는 다른 국가와 협력하여 새로운 에너지원을 개발함으로써 기업은 RE100의 규정을 준수할 수 있다.

탄소 거래는 기업이 배출하는 온실가스 양을 줄이기 위해 탄소배출권을 거래하는 제도로, 2005년 유럽연합에서 처음 도입되었다. 현재 전 세계 많은 국가에서 시행되고 있다. 탄소 크레딧은 온실가스 배출을 방지하거나 줄이기 위한 조치를 취한 기업에게 정부가 발급하는 인증서이다. 기업은 탄소배출권을 구매하거나 판매할 수 있으며, 탄소배출권을 구매한 기업은 자체적으로 배출량을 줄일 수 있다. 탄소 거래는 기업이 온실가스 배출량을 줄이도록 인센티브를 제공하므로 지구 온난화 방지에 중요한 도구이다. 아직 초기 단계이지만 탄소 거래는 지구 온난화 방지를 위한 효과적인 도구로 간주되며 앞으로 더욱 확대될 것으로 예상된다. 하지만 탄소 거래에 문제가 없는 것은 아니다. 탄소배출권 가격이 비싸서 기업의 부담이 커질 수 있고, 거래가 투명하지 않아 사기가 발생할 수 있다. 따라서 탄소배출권 거래는 온실가스 감축에 효과적이지 않을 수 있다. 이러한 탄소배출권의 단점을 보완하기 위해 집단 슈퍼 그리드는 국가가 공동으로 관리하기 때문에 온실가스 감축에 효과적인 정책을 수립할 수 있다.

슈퍼 그리드는 기업이 소비자에게 제품이나 서비스를 구매하도록 설득하기 위해 제품이나 서비스를 환경 친화적인 것으로 오해할 수 있게 포장하는 마케팅 전략인 그린워싱에 대한 우려를 해소할 수도 있다. 그린워싱에는 환경 친화적인 이미지를 만드는 언어 사용이 포함될 수 있다. 예를 들어, 기업이 제품이나 정책을 설명하기 위해 '친환경' 또는 '지속 가능한' 등의 단어를 사용하거나 재활용 재료로 만든 제품이라고 주장하지만 재활용 재료의 비율은 매우 낮을 수 있다. 또한 중요한 정보를 누락할 수도 있다. 예를 들어, 어떤 기업이 제품이 '탄소 중립적'이라고 주장하지만 그 사실을 공개하지 않을 수 있다. 그린워싱은 기업의 이익을 위해 소비자를 속여 환경을 훼손할 수 있다.

6-3

유라시아 비무장 지대의 개념

전통적으로 갈등과 분단의 상징이었던 비무장 지대를 슈퍼 그리드의 일부로 바꾸겠다는 비전은 유라시아의 평화 공전을 위한 혁명적 구상이다. 이는 과거 분쟁 지역이 협력과 평화의 다리로 변모하는 것을 상징한다. 슈퍼 그리드를 통해 신재생 전력을 생산함으로써 분리된 국가에 실질적인 혜택을 제공할 수 있다. 우리가 함께 도전에 직면할 때 진정한 글로벌 규모의 솔루션을 달성할 수 있다는 것을 상기시켜 준다.

유라시아 슈퍼 그리드 비무장 지대: 미래를 위한 녹색 통로

유라시아 슈퍼 그리드 DMZ(Eurasia Super Grid DMZ)는 한반도와 중국, 러시아를 잇는 지속 가능한 재생 에너지 생산 지역을 조성하는 중립 녹색 회랑의 가교 역할을 하겠다는 야심 찬 비전이다. 중국, 몽골, 카자흐스탄, 러시아, 우크라이나, 폴란드, 이 혁신적인 아이디어는 평화, 번영, 환경 지속 가능성, 광활한 대초원과 사막, 각국의 지정학적 위치를 상호 연결하는 자연 서식지, 무분쟁 지역, 녹색 개발 구역 네트워크를 구축하여 이 지역에 평화와 환경적 지속 가능성을 가져오는 것을 목표로 한다. 국가 간 분쟁을 예방하는 완충 지대 역할을 한다. 폴란드와 우크라이나에서 한반도에 이르는 이 거대한 비전에 관련된 구체적인 구성 요소에 초점을 맞추고자 한다. 그럼 유라시아 그린 슈퍼 그리드의 회랑을 따라가 보겠다.

1) 출발지 - 폴란드 및 우크라이나

유라시아 서쪽에 위치한 폴란드에서 시작하여 우크라이나 그리고 러시아를 통과한다. 폴란드는 공산주의 체제에서 시장 경제로 성공적으로 전환하였다. 다른 국가들과 함께 우크라이나의 재건 노력을 지원하는 데 필수적인 파트너로 자리 잡았다. 그러나 폴란드는 현재 러시아와 우크라이나 간의 지속적인 분쟁으로 인한 불안과 싸우고 있다. 따라서 폴란드에서 슈퍼 그리드를 시작하는 것은 인프라 구축뿐만 아니라 평화의 등대 역할도 한다.

우크라이나 국경 지대와 러시아는 2014년 러시아가 우크라이나를 침공하면서 지정학에 지각 변동을 일으킨 진원지가 되었다. 2014년 3월, 러시아의 크림반도 합병은 국경선을 대담하게 재획정하는 일이었다. 크림반도 합병은 국제적인 비난을 불러일으켰고, 러시아가 주요 선진국 그룹인 G8에서 축출되면서 절정에 달했다. 동시에 도네츠크와 루한스크의 동부 영토는 혼란에 휩싸였다. 친러시아 분리주의자들이 독립을 선언하면서 이 지역은 지속적인 분쟁에 빠졌다. 정치적, 지리적 지위가 모호한 이 자칭 공화국들은 러시아와 우크라이나 사이의 지속적인 긴장을 상기시키는 존재로 남아 있다. 이 분쟁의 의미는 영토 분쟁 그 이상으로 확장된다. 예를 들어, 정정 불안이 장기화되면서 흑해를 통한 곡물 수출이 중단되어 아조프해의 마리우폴과 같은 항구의 전략적 중요성이 강조되고 있다. 분쟁이 지속됨에 따라 크림반도, 루한스크, 도네츠크, 흑해 해역과 같은 지역은 러시아와 우크라이나 간의 광범위한 대치 상황에서 계속해서 중요한 발화점이 되고 있다.

러시아의 공격적인 행동에 대응하여 나토는 에스토니아, 라트비아, 라트비아의 발트해 연안 국가를 중심으로 동부 국경에 군사력을 증강했다. 이 강화된 존재감은 물리적 경계를 다시 그리는 것이 아니라 중추적인 전략적 재조정에 관한 것이다. 이는 이 지역에서 나토의 주요 목표인 러시아의 추가 침입, 특히 우크라이나에 대한 추가 침입을 억제하는 것을 근본적으로 강조한다. 이 상황은 또한 2014년에 러시아에 합병된 우크라이나 영토에 대한 해결의 시급성을 더욱 고조시켰다. 이러한 복잡성을 고려할 때, 유라시아 슈퍼 DMZ 개념은 러시아와 우크라이나 간의 의미 있는 협상을 촉진할 수 있는 구조화된 프레임워크를 구축하고자 하는 합리

유라시아 슈퍼 그리드 DMZ: 폴란드에서 우크라이나까지

적인 제안일 것이다.

현재 진행 중인 우크라이나 동부 돈바스 지역의 분쟁은 독특한 지정학적 수수께끼를 안고 있다. 적대 행위가 지속됨에 따라 이 지역은 전통적인 요새나 검문소가 없는 상황에서도 사실상의 국경으로 기능하게 되었다. 이는 이 지역이 일종의 무법 지대, 즉 거버넌스와 통제가 모호한 한계 공간으로 변모했기 때문이다. 이 즉흥적인 경계는 국제적으로 공식적인 인정을 받지 못했지만, 그 존재는 근처에 거주하는 사람들의 삶에 큰 영향을 미쳤다. 예를 들어, 많은 지역 주민들은 기본적인 서비스에 접근하는 데 어려움을 겪고, 무역과 경제 기회의 중단으로 고통받으며, 불확실성의 그늘 아래서 살아가고 있다. 이러한 국경의 유동성은 행정 및 거버넌스 문제를 복잡하게 만들 뿐만 아니라 여기도 아니고 저기도 아닌 지역에 갇힌 주민들에게 실존적 딜레마를 안겨 준다.

결론적으로 러시아의 크림반도 합병 후 지속적으로 우크라이나와 분쟁을 야기하는 지역을 중립 지역인 유라시아 슈퍼 그리드 DMZ으로 만들어 평화적 해결책을 장기적으로 모색하는 지혜가 필요하다.

그러므로 폴란드의 비옥한 평원은 앞에서 언급한 러시아와 우크라이나의 분쟁 지역과 연결되어 있다. 따라서 풍요로운 농업의 축복을 받은 이 지역은 슈퍼 그리드의 중요한 출발점이자 희망의 DMZ가 된다.

2) 센터 - 카자흐스탄 중국과 러시아 사이의 국경

폴란드와 우크라이나를 거쳐 동쪽으로 카자흐스탄으로 확장될 것이다. 유라시아 슈퍼 그리드 DMZ는 카자흐스탄의 드넓은 초원에서 막대한 태양열과 바람을 활용할 수 있는 국가이다. 카자흐스탄 북쪽 지역은 바람이 불고 일조량이 풍부한 건조한 지역으로 대규모 풍력 터빈과 태양광 발전소에 이상적이다. 이곳에서 생산된 전력은 슈퍼 그리드의 에너지 공급에 크게 기여할 것이다. 슈퍼 그리드는 러시아와 카자흐스탄 국경 지역으로 확장되어 러시아 시베리아 지역, 중국 북서부 카자흐스탄 중부 지역 및 카자흐스탄의 중앙아시아 이웃 국가에 에너지를 공급할 수 있다.

카자흐스탄 또한 러시아의 남부 지역과 중국의 서부 지방과 국경을 접하고 있다. 이 지역을 포괄하는 에너지 네트워크를 구축하면 몇 가지 이점이 있다. 첫째, 현재 화석 연료에 크게 의존하고 있는 시베리아의 도시들에 신재생 에너지를 공급할 수 있다. 또한 러시아 남동 지역, 카자흐스탄 및 기타 중앙아시아 국가의 성장하는 산업에 신재생 에너지를 공급하고 개발을 지원하는 동시에 환경에 미치는 영향을 줄일 수 있다. 이러한 국내적 혜택 외에도 러시아와 카자흐스탄을 아우르는 에너지 네트워크는 더 넓은 유라시아 슈퍼 그리드의 중요한 부분이 될 수 있다.

기후 변화는 전 세계적으로 심각한 모습을 드러내고 있다. 시베리아도 예외는 아니다. 실제로 시베리아 지역은 기온 상승과 함께 점점 더 심각하고 빈번한 산불로 고통받고 있으며, 이로 인해 기온이 평년보다 훨씬 높은 전례 없는 폭염이 이어지고 있다. 예를 들어, 2020년 여름 시베리아는 섭씨 38도를 기록했으며 기온은 계속 상승하고 있다. 이러한 온난화 추세는 이 지역의 생태계를 변화시켜 인간의 생계와 야생동물 모두를 위협할 수 있다. 시베리아 대부분을 덮고 있는 영구적으로 얼어붙은 영구 동토층도 녹기 시작하여 숲과 건물, 기반 시설에 피해를 줄 뿐만 아니라 강력한 온실 가스인 메탄을 대량으로 방출하여 지구 온난화를 더욱 가속화하고 있다.

역사적으로 중앙아시아는 유라시아의 동서를 연결하는 실크로드 시스템에서 중요한 역할을 했다. '실크로드'라는 개념은 현대적으로 재해석된 역사의 산물일 수 있지만, 그럼에도 불구하고 이 지역에 다양한 경제, 문화, 사회적 연결이 존재한다는 것을 반영한다. 과거 실크로드의 일부였음에도 불구하고 중앙아시아 국가들은 구소련 이후 국가들과 다른 유라시아 국가들의 경제적, 정치적 통합을 발전시킬 수 있는 매우 강력한 능력을 가지고 있다. 현재 중앙아시아는 여러 인프라 프로젝트의 허브이자 중국과의 일대일 출발점이기도 한다.

또한 정부 간 차원에서는 이러한 상호 의존성이 협력의 기회보다 갈등을 야기하는 경우가 더 많지만 중앙아시아 국가들은 몇 가지 중요한 측면에서 서로 매우 의존하고 있다. 가장 대표적인 예가 물과 에너지의 연계이다. 중앙아시아의 상류 국가인 키르기스스탄, 타지키스탄은 하류 국가인 우즈베키스탄의 관개용 수자원을 상당 부분 통제하고 산악 강을 발전용으로 사용할 수 있지만, 이로 인해 하류 국가의 물 접근성이 제한될 수 있다. 중앙아시아 국가들은 내륙에 위치해 있기 때문에 특히 유라시아 횡단 인프라의 협력적 형태 개발에 관심이 많다.

우크라이나와 러시아의 분쟁 영토를 연결하는 유라시아 슈퍼 그리드는 카자흐스탄을 통해 시베리아 및 중앙아시아의 다른 국가들이 기후 변화에 대응하고 국경을 넘나드는 사회적 간접 자본을 보다 효율적으로 활용할 수 있는 기회를 제공할 것이다.

유라시아 슈퍼 그리드 DMZ, 우크라이나에서 카자흐스탄까지

3) 더 동쪽 - 몽골

러시아와 카자흐스탄의 국경 지대를 지나 동쪽으로 향하면 몽골이 나온다. 바람이 많이 부는 고원 지대로 유명한 몽골은 풍력 발전 에너지를 생산하기에 완벽한 장소이다. 특히 고비 사막은 거대한 풍력 발전 단지로 변모할 수 있다. 동시에 조림 노력을 통해 사막을 녹지대로 만들어 탄소 배출을 상쇄하고 기후 변화를 완화할 수 있다.

몽골의 주요 에너지원은 석탄이며, 몽골의 석탄 매장량은 총 1,600억 톤 이상으로 추정된다. 그러나 세계보건기구는 석탄 화력 발전소의 환경 비용은 특히 도심과 광산 지역에서 지나치게 높다고 한다. 세계보건기구는 몽골인의 절반이 거주하는 수도 울란바토르 세계에서 가장 오염이 심한 5대 도시 중 하나로 선정하였다. 다행히 몽골에는 석탄 외에도 다양한 에너지원이 있다. 몽골은 수력 발전의 잠재력이 크고 바람과 햇빛도 풍부하다. 몽골의 태양열과 풍력을 합치면 연간 15,000의 전력을 생산할 수 있다. 국립 재생 에너지 센터에 따르면 몽골의 총 재생 에너지 발전 용량은 2.6TWh에 달할 수 있으며, 이는 몽골이 매우 탄탄한 자원 기반을 가지고 있다는 것을 의미한다. 고비 사막의 풍력과 태양열은 몽골 전력 생산의 기반이 될 뿐만 아니라 전력 수출의 잠재력이기도 하다. 수출 잠재력이란 몽골은 일본 소프트뱅크의 소유주인 손정의가 주창한 아시아 슈퍼 그리드 프로젝트의 핵심 국가이기 때문이다.

더불어 한국을 포함한 여러 국가가 몽골 정부와 함께 나무를 심고 있다. 몽골의 나무 심기 운동은 기후 변화에 대응하는 데 중요한 역할을 할 것으로 기대된다. 몽골에 나무를 심는 것은 이산화탄소를 흡수하여 기후 변화에 대응할 뿐만 아니라 홍수 예방을 통한 지역 환경 개선, 홍수 예방, 소음 감소, 공기 정화 등 지역 환경과 삶의 질을 향상시킬 것이다. 따라서 카자흐스탄과 몽골을 잇는 슈퍼 그리드는 유라시아의 기후 변화 대응에 큰 의미가 있다.

유라시아 슈퍼 그리드 DMZ: 카자흐스탄에서 몽골까지

4) 몽골에서 한반도로

몽골에서 한반도까지 슈퍼 그리드를 연결하려면 중국을 거쳐야 한다. 그리고 이를 북한으로 연결하려면 또한 러시아를 거쳐야 한다. 이는 평화의 상징인 유라시아 슈퍼 비무장 지대의 최종 종착역이다. 유라시아 평화의 상징의 최종 종착지는 러시아, 중국, 북한의 협력 없이는 성공적으로 조성될 수 없다. 즉, 중국, 러시아를 거쳐 남북한을 잇는 유라시아의 슈퍼 DMZ는 비무장 지대의 꿈이 실현되는 것이다.

우리는 이 책의 1장부터 5장까지 복잡하고 어려운 여정을 걸어왔다. 신냉전 시대, 러시아와 우크라이나 간의 전쟁 그리고 한반도의 평화는 유라시아 전역의 평화에 큰 영향을 미칠 것이다. 우크라이나와 러시아 간의 전쟁이 평화적으로 종식되면 러시아와 중국은 북한을 설득할 수 있을 것이다. 슈퍼 그리드가 북한과 중국을 거쳐 한국으로 연결될 수 있도록 설득할 수 있다. 이렇게 되면 유라시아 슈퍼 그리드의 종착역인 한반도와 연결이 완성된다. 비무장 지대의 연결을 완성하는 동시에 남한과 북한 간의 평화 커뮤니케이션 기회를 열게 될 것이다. 한국전쟁의 유물인 역사적인 비무장 지대(DMZ)에서 영감을 얻어 완충 지대 역할을 하는 이 개념을 유라시아 슈퍼 그리드 DMZ로 확장하고 적용하는 것이 필수적이다. 이 개념을 확장하고 적용하여 더 넓은 유라시아 상황에 더 적절하고 효과적으로 적용해야 한다.

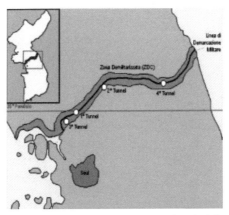

유라시아 슈퍼 그리드 DMZ: 한반도 비무장 지대

6-4

유라시아 초비무장 지대의 도전과 기회

유라시아 슈퍼 그리드 DMZ의 구축은 관련 국가들뿐 아니라 전쟁의 위험이나 국가 간 분쟁이 발생할 수 있는 국가 간의 평화를 위한 도전과 과제를 동시에 제시한다. 이는 평화를 위한 잠재적인 장애물을 해결하고 이 지역의 고유한 강점을 활용하는 것이 이 대담한 프로젝트를 성공적으로 실행하는 데 매우 중요하다. 유라시아 비무장 지대 프로젝트의 주요 과제 중 하나는 이 지역의 복잡한 정치적, 지리적 지형을 탐색하여 완충 지대를 잘 확보하는 것이다. 이 프로젝트는 서로 다른 정치 체제, 문화, 역사적 관계를 가진 국가들 간의 경제 협력이 필요하다. 이러한 과제를 극복하기 위해서는 외교적 노력과 포용적 대화를 통해 참여국 간의 신뢰와 합의를 구축하는 것이 중요하다. 서로의 협력적 경제 발전의 필요성과 환경 보존이라는 공통의 목표를 실천하는 것이다.

이 야심찬 프로젝트는 지역 전체의 온실가스 배출을 줄이기 위한 실질적인 프레임워크를 제공함으로써 파리협정에 따라 유라시아 국가들의 국가결정 기여(NDC)를 직접적으로 지원할 수 있다. 국가 간 상호 연결된 재생 가능 에너지원의 장점을 활용하여 탄력적인 저탄소 에너지 시스템을 만든다. 국가는 슈퍼 그리드에 참여하고 혜택을 누리면서 ITMO(국제적으로 이전 가능한 완화 결과)를 활용하여 이 그리드를 통해 얻은 초과 배출 감소를 거래할 수 있다. 이러한 거래를 통해 NDC를 충족하기 위해 고군분투하는 국가는 슈퍼 그리드의 추가된 용량과 효율성으로 인해 목표를 초과한 국가로부터 감축량을 구매할 수 있는 기회를 갖게 될 것입니다.

또한, 유라시아 슈퍼 그리드 DMZ는 정치적, 영토적 분쟁을 초월한 기술 및 환경 협력의 상징이자 협력의 중립적 기반을 제공한다. 이는 ITMO가 어떻게 기후 변화 완화에 대한 집단적 접근 방식을 촉진하여 유라시아 지역을 글로벌 지속 가능성 노력의 선두 주자로 만들 수 있는지를 보여 준다. 그러므로 슈퍼 그리드를 DMZ 개념과 연결함으로써 비무장 지대 개념을 환경 및 에너지 외교로 확장하여 군사적 갈등뿐만 아니라 생태적, 기후적 역경에 대한 완충 장치를 마련한다.

결과적으로 유라시아 슈퍼 그리드 DMZ를 통해 이 지역적 맥락에서 NDC와 ITMO의 통합은 보다 지속 가능하고 평화로운 유라시아를 위해 공유 자원과 공동 노력을 활용하는 미래 지향적인 전략을 보여 준다. 이러한 접근 방식은 기후 변화의 즉각적인 문제를 해결할 뿐만 아니라 환경 협력을 통해 장기적인 지정학적 안정성을 조성할 수 있다.

특히, 러시아-우크라이나 분쟁에 대한 장기적인 해결책 확보는 복잡하지만, 한 가지 매력적인 접근 방식은 분쟁 지역을 중립 지역으로 전환하는 것이다. 이 지역은 에너지 생산과 농업 이니셔티브를 위한 협력 플랫폼으로 사용될 수 있다. 더 나아가서 신생 에너지를 통한 기후 변화 대응과 AI와 같은 본격적인 디지털 시대의 급격히 증가하는 전력과 데이터 센터를 안정적으로 확보할 수 있는 완충 지역의 역할을 할 것이다. 이 접근법은 4장에서 언급한 중립국의 한계를 극복하고 수에즈 운하와 파나마 운하처럼 지정학적으로 중요한 지역에 중립 지대를 구축하여 향후 유라시아 슈퍼 그리드에 재생 에너지를 공급하는 데 핵심적인 역할을 할 수 있다.

첫 번째 단계는 분쟁 지역을 중립 지역으로 설정하기 위한 강력한 외교적 노력이다. 이는 해당 지역이 러시아나 우크라이나에 정치적 또는 군사적으로 또는 우크라이나, 스웨덴과 핀란드 사이의 올란드 제도와 같은 유사한 모델이 과거에 효과가 있었다. 이를 위해서는 상당한 협상과 국제적 감독이 필요하지만, 성공한다면 현재의 긴장을 크게 완화할 수 있다.

중립성이 확립되면 이 지역은 에너지 합작 투자를 위한 장소로 사용될 수 있다. 러시아와 우크라이나 모두 에너지 자원이 풍부하다. 협력 프로젝트에는 풍력, 태양열과 같은 재생 에너지원 활용, 태양열, 수력 또는 기존 화석 연료 매장량을 공동 관리하는 것 등이 포함될 수 있다. 이러한 프로젝트는 양국에 경제적 이익을 제공하고 더 광범위한 협력을 위한 기반을 마련할 수 있다.

분쟁 지역, 특히 우크라이나는 믿을 수 없을 정도로 비옥하며 종종 '유럽의 곡창 지대'라고 불린다. 협력적인 농업 이니셔티브를 설립하여 양국에 식량을 공급하고 지역 경제를 활성화할 수 있다. 이는 식량 안보를 보장할 뿐만 아니라 상호 의존성을 촉진하여 평화를 촉진할 수 있다.

공유 인프라 구축, 에너지 분배를 위한 슈퍼 그리드를 이용한 적력의 효율적 이용 그리고 농작물을 위한 효율적인 운송 시스템과 같은 공유 인프라를 구축하면 공동 소유와 상호 이익을 증진할 수 있다.

디지털 발전은 모든 국가와 모든 세대에 혜택을 줄 수 있는 모델 프로젝트로 발전할 수 있다. 예를 들어 스마트 팜, 스마트 산불 예방, 스마트 시티 조성, 데이터 센터 구축 등은 모두 디지털 세상이 최대한의 편리함과 평화를 유지할 수 있도록 도움이 될 것이다.

유라시아 비무장 지대의 연안 국가들 간의 문화, 교육, 과학 교류를 장려하여 평화의 중요성을 공동으로 인식하고 기후 변화의 중요성을 미래 세대를 위해 프로젝트의 성공에 대한 신뢰, 상호 이해, 공동의 책임감을 구축하는 데 도움이 될 수 있다.

이 야심 찬 프로젝트를 위한 다자간 프레임워크를 구축하는 것이 가장 중요하다. 유라시아 슈퍼 그리드의 연안 국가를 포함하는 다자간 프레임워크는 대화, 조정, 공동 의사 결정을 위한 플랫폼을 제공해야 한다. 여기에는 미국 그리고 유럽연합뿐만 아니라 유라시아 슈퍼 그리드 참여국인 러시아, 중국, 폴란드, 우크라이나, 카자흐스탄, 몽골, 북한, 대한민국 또한 중립 지대의 안정성을 보장하기 위해 국제적인 보증이 필요할 수 있다. 여기에는 영토의 중립성과 에너지 및 농업의 공정한 운영을 보장하기 위한 유엔 평화유지군 또는 사찰단과 유사한 조직의 설립이 포함될 수 있다. 이는 한반도의 판문점 공동경비구역(JSA)와 유사하다. 이 프레임워크는 국가 정책을 조정하고, 주변 국가와 공동 목표를 설정하고, 프로젝트를 위한 공동 전략을 개발하는 데도 도움이 될 수 있다.

중립 지대는 '번영의 연방'이라고도 할 수 있다. 이 연방은 영토 통제에 관한 것이 아니라 상호 번영과 평화를 옹호하는 협력 벤처가 될 것이다. 이를 위해서는 협력, 지속 가능성, 비침략성을 강조하는 일련의 기본 원칙이 필요하다. 이 접근 방식은 전통적인 분쟁 해결 방식에서 벗어나 지역 통합과 협력을 촉진하는 데 중점을 두고 있다. 이 접근법이 성공한다면 분쟁 지역을 혁신의 허브로, 평화의 허브로 탈바꿈할 수 있다.

유라시아 프로젝트의 비전은 유라시아의 경계를 넘어 모든 참여국의 이익을 강조한다. 이 이니셔티브는 경제 성장과 에너지 안보를 강화하고 각국이 기후 목표를 달성할 수 있는 기반을 마련하게 할 것이다. 신뢰 구축은 이러한 노력의 핵심이다. 약속 이행, 투명성, 지속적인 대화를 통해 시간이 지남에 따라 쌓인 신뢰는 유라시아뿐만 아니라 다른 분쟁 지역이나 대륙과의 분열을 해소할 수 있다. 이 프로젝트의 성공에 필수적인 요소는 국제적인 중재와 지원이다. 다자간 프레임워크를 포함시킴으로써 중립국 또는 존경받는 국제기구의 참여를 통해 합의를 도출할 수 있는 기회가 생겨나며, 이 과정에서 유엔의 기존 역할이 강화된다. 이러한 외교적 환경을 헤쳐 나가는 데는 어려움이 따르지만, 장기적으로 이 지역에 가져올 변혁적 혜택도 무시할 수 없다. 전략적 계획, 능숙한 외교력 그리고 더 친환경적인 미래에 대한 공동의 비전이 있다면, 단합되고 지속 가능한 유라시아의 열망은 꿈에서 현실로 전환될 수 있다.

유라시아 슈퍼 그리드의 재정적 장애물을 효과적으로 해결하려면 다각적인 협력 접근 방식이 가장 중요하다. 첫째, 유엔과 같은 저명한 국제기구의 지원을 확보하는 것이 필수적이다. 세계은행, 지역개발은행 등

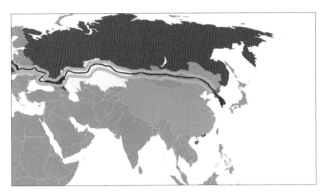

유라시아 슈퍼 그리드 DMZ

기관의 지원은 상당한 리소스, 전문성, 자금을 제공할 뿐만 아니라 진행 상황을 추적하고, 영향을 측정하고, 업계 모범 사례를 옹호할 수 있는 강력한 프레임워크를 제공한다. 둘째, 강력한 민관 파트너십을 구축하는 것은 혁신적인 역할을 할 수 있다. 민간 부문을 참여시킴으로써 특히 인프라, 재생 에너지, 지속 가능한 에너지와 같은 중추적인 분야에서, 풍부한 자원과 지식, 혁신적인 솔루션을 활용할 수 있다. 셋째, 투자나 지원금의 투명성을 담보하기 위해 블록체인과 AI와 같은 디지털 투자 기술을 이용한다. 이는 그린 워싱을 해결하는 방법과 같다. 마지막으로, 지역 네트워크와 이니셔티브를 이용하는 것이다.

유라시아 슈퍼 그리드는 우크라이나에서 한반도까지 여러 지역에 걸쳐 재생 에너지원을 통합하여 지역 협력, 경제 개발 및 지속 가능한 성장을 촉진하는 전략이다. 지정학적 도전 과제를 해결하려면 이 야심 찬 프로젝트에 참여하는 각국의 외교적 노력과 협력이 필요하다. 필자는 다가오는 디지털 세대가 디지털 도구와 기술을 활용하여 이 프로젝트를 옹호하고 투명성을 높여 추진할 것이라고 확신한다. 그렇게 함으로써 진정으로 CO_2 배출량을 제로로 만드는 목표에 충실할 수 있다고 믿는다.

2021년에 시작된 러시아와 전쟁과 이스라엘과 하마스의 전쟁에서 사용된 전쟁 비용을 만일 기후 변화 대응을 위한 CO_2 배출량 제로를 위하여 사용하면 기후 변화에 대한 1차적인 목표인 CO_2 제로 목표를 쉽게 달성하는 데 도움이 될것이다. 이젠 평화와 정의를 외치는 정치가들이 미래 세대를 위해 실질적인 방안을 협의하고 실천할 때이다.

제7장

DMZ의 꿈 응원하기

한반도에서 동유럽까지 이어지는 유라시아 비무장 지대는 러시아와 우크라이나 간 전쟁과 같은 갈등 속에서도 국가를 연결하고 협력을 강화할 수 있는 잠재력을 가지고 있다. 평화, 외교, 경제 그리고 환경적으로 지속 가능한 개발을 촉진함으로써 유라시아 DMZ 드림은 분열된 세계를 통합하는 힘이 될 수 있으며, 더 나은 미래에 대한 희망과 비전을 공유할 수 있다. 역내 디지털 연결성을 강화하면 참여 국가 간의 소통, 협력 및 교류가 촉진되어 통합감과 공동의 목적을 창출할 수 있다. 비무장 지대 회랑을 따라 녹색 도시를 개발하는 데 스마트 기술을 완충 지대의 역할로 통합하여 지속 가능한 생활, 경제 성장, 지역 사회의 삶의 질을 증진할 수 있다. DMZ 지역 내에서 혁신과 기업가 정신을 장려하면 디지털 기술을 활용하여 환경, 사회, 경제적 문제를 해결하는 활기찬 스타트업 및 비즈니스 생태계가 조성될 것이다. 디지털 미래를 포용함으로써 유라시아 DMZ 드림은 지속 가능한 개발과 사람들이 긍정적인 변화를 주도할 수 있도록 힘을 실어 주는 국경 간 협력의 모델이 될 수 있다.

유라시아 DMZ 드림은 글로벌 도전 과제를 해결하는 데 있어 협업, 혁신, 디지털 기술의 힘을 보여 줌으로써 MZ세대의 역량을 강화하여 미래 세대가 평화의 지속성을 유지할 수 있는 세대 간의 완충 지대의 역할을 할 것이다. 이 프로젝트는 세계 시민 의식을 함양하고 젊은이들이 변화의 주체가 되도록 영감을 불어넣음으로써 미래 세대를 위한 보다 포용적이고 공평하며 지속 가능한 세상을 만드는 데 기여할 수 있다.

현재 진행 중인 러시아와 우크라이나 간의 전쟁은 피해 지역 사회와 긴장된 국제 관계에 치명적인 결과를 초래했다. 유라시아 DMZ 드림은 평화 협력과 지속 가능한 개발에 중점을 두고 당사자 간의 긴장을 완화하고 대화를 촉진할 수 있는 잠재적 경로를 제공한다. 이 프로젝트는 해당 국가들의 공동 이익과 공동 목표를 강조함으로써 이 지역의 평화와 화해를 위한 촉매제 역할을 할 수 있다. 그러므로 이 프로젝트는 다른 국가들이 유사한 전략을 채택하고 기후 행동에 협력하도록 영감을 줄 수 있다.

우리 모두가 유라시아 DMZ의 일부가 되기를 바라며 제7장에서는 DMZ의 꿈이 이루어지도록 선언과 함께 실천 방향을 말하고 있다.

7-1

DMZ는 더 이상 영웅을 기다리지 않는다

전 세계를 공포에 떨게 했던 코로나19 팬데믹(세계적 대유행)이 마침내 종식되면서, 세계의 관심은 다시 한번 유럽, 아시아, 중동 지역의 지정학적 갈등으로 쏠리고 있다. 이러한 갈등은 세계적 긴장을 다시 불러일으켰고, 직접 관련된 국가뿐만 아니라 이웃 국가와 국제 사회에도 심각한 우려를 불러일으키고도. 역사적으로 이러한 분쟁과 전쟁을 해결한 영웅들은 많이 기억되어 왔다. 그러나 오늘날의 세계에서 우리는 더 이상 현명하고 강력한 지도자가 나타나 이러한 갈등을 해결하기를 기다릴 여유가 없다. 책임감 있게 공유하고 미래 세대에게 건강하고 아름다운 상태로 물려주어야 할 지구는 즉각적인 조치가 요구는 전례 없는 위협에 직면해 있다.

현재 상황의 긴급성은 지구 온난화로 인해 현재 섭씨 1.5도를 넘는 지구 온도의 놀라운 상승으로 강조되고 있다. 이러한 증가는 단지 통계에 불과한 것이 아니라, 우리가 조치를 취하지 않을 경우 닥칠 환경적, 사회적 재앙에 대한 무서운 경고이다. 역사적으로 국가는 주권을 보호하기 위해 국경을 세우고, 분쟁에 대비한 안전 여유 역할을 하는 완충 지대를 만들어 왔다. 한국전쟁은 정반대의 이념을 가진 두 국가인 북한과 남한이 수십 년 동안 지속된 완충 지대를 만들어낸 극명한 사례를 제공한다. 비무장 지대(DMZ)로 알려진 이 지역은 양측의 침략을 막고 취약한 평화를 유지하기 위해 휴전협정에 의해 설립되었다.

그러나 오늘날 우리가 직면한 과제는 너무 복잡하고 시급하여 전통적인 갈등 해결 개념에 의존할 수 없다. 지정학적 환경이 극적으로 변화함에 따라 세계 평화와 안정을 유지하기 위한 우리의 접근 방식도 달라져야 한다. 수동적 대기 시간은 끝났다. 우리는 상호 연결된 세상이 적극적이고 협력적인 솔루션을 요구한다는 점을 인식해야 한다. 우리가 공유하는 집인 지구가 위험에 처해 있으며, 이를 보호하는 것은 우리 모두의 공동 책임이다. 국가들은 국경을 넘어 협력하여 기후 변화와 지정학적 불안정이라는 이중 위협에 대처해야 한다. 한때 분단의 상징이었던 한국의 DMZ는 이제 평화와 환경 보존을 위한 전 세계의 노력을 고취시킬 수 있는 잠재력을 갖고 있다. 이는 분쟁 지역을 협력과 목적 공유의 영역으로 전환할 수 있는 가능성을 보여 주는 증거이다.

특히 기후 변화는 국경을 초월하여 명백하고 현존하는 위험을 제시하고 있다. 기온 상승, 극지방 만년설 녹는 현상, 점점 심해지는 기상 현상은 어느 한 지역에만 국한되지 않는다. 그들은 지구 전체에 영향을 미친다. 지구 온도가 계속 상승하면 더 빈번하고 강렬한 자연 재해, 생물 다양성 손실, 심각한 경제적 영향을 포함하여 그 결과는 재앙이 될 것입니다. 현재의 궤적은 인류 문명의 기초 자체를 훼손할 위험이 있다. 이에 맞서기 위해 우리는 집단적 행동을 우선시하고 개인의 국가 이익보다 책임을 공유하는 새로운 국제 관계 패러다임이 필요하다. 국가들은 기후 변화의 즉각적이고 장기적인 영향을 모두 다루는 전략을 개발하고 실행하기 위해 함께 협력해야 합니다. 여기에는 온실가스 배출 감소, 재생 가능 에너지원으로의 전환, 취약한 생태계 보호 등이 포함된다. 파리 협정과 같은 국제기구와 협정은 글로벌 참여와 책임을 보장하기 위해 강화되고 확대되어야 한다.

더욱이, 전 세계적으로 계속해서 끓어오르고 있는 지정학적 갈등은 새로운 긴박감과 협력 의식으로 해결되어야 합니다. 영웅이나 강대국이 평화를 강요하기를 기다리는 전통적인 접근 방식은 더 이상 유효하지 않습니다. 대신, 우리는 정부, 국제기구, 시민사회, 민간 부문을 포함한 모든 이해관계자 간의 대화와 협력을 촉진해야 합니다. 평화 구축 노력은 피해를 입은 모든 지역 사회의 필요와 관점을 고려하여 포괄적이어야 한다.

한편, 인터넷으로 시작된 디지털 시대에는 인공지능(AI)을 통해 인간의 편의를 극대화하기 위한 새로운 형태의 DMZ가 필요하다. 디지털 세상은 시장으로서의 인터넷에서 무선 인터넷을 거쳐 자율주행차와 메타버스의 영역으로 진화해 인공지능(AI) 시대를 맞이하고 있다. 하지만 AI

는 다양한 분야에 혁신적으로 적용될 수 있지만, 전문가들은 AI가 일자리를 대체하고 심지어 인류에 실존적 위협을 가할 수도 있다고 경고한다. 드론의 무기화, 로봇의 군사화, 통제할 수 없는 AI 기반 무기 개발의 가속화는 이러한 기술의 어두운 잠재력을 보여 준다. 이러한 발전을 관리하고 규제할 방법을 찾지 않으면 우리는 멸종으로 이어질 수 있는 위기에 처해 있다.

이러한 혁신의 충돌을 완화하기 위해 디지털 세계에서 완충 구역의 개념을 신속하게 정의해야 한다. 이 새로운 디지털 DMZ는 디지털 세대, 즉 밀레니얼 세대와 Z세대, 그리고 미래 세대에게 매우 중요하다. 하지만 이 DMZ는 어느 하나의 강력한 국가나 집단, 영웅이 만들어낼 수 없다. 이를 위해서는 인류 전체의 집단적 관심과 적극적인 목소리가 필요하다. 따라서 우리는 이 책의 1장부터 6장까지에서 살펴본 바와 같이 다음 세대를 위한 진정한 자유와 평화, 공동번영을 어떻게 실천할 것인지 성찰하고 지혜를 모아야 한다.

이러한 맥락에서 나는 세 가지 핵심 아이디어를 바탕으로 유라시아 슈퍼 그리드 DMZ의 구축을 제안한다.

1. 공동의 평화와 번영을 위한 DMZ 구축: 이 DMZ는 기존 국경을 초월하는 정의로운 완충 지대를 조성하여 국경을 초월한 공동의 평화와 번영을 도모한다.
2. 유라시아 평화를 위한 UN의 역할 강화: UN은 러시아와 한국에 세

가지 DMZ에 대해 논의하고 결정하기 위한 메커니즘을 구축할 UN 기구를 신설한다. 이를 통해 유라시아 평화 유지에 있어 UN의 역할이 더욱 실현될 것이다.

3. 글로벌 기업 금융 투자 및 지원 조건에 평화 개념 도입: 불평등을 방지하고 지구를 보호하기 위해 영향력 있는 기업은 기존 환경, 사회 및 거버넌스(ESG) 요소와 함께 투자 기준에 평화 영역을 포함해야 한다. 이는 세 개의 DMZ가 영웅을 기다리지 않고 지구상의 지속 가능한 발전을 촉진한다는 것을 의미한다.

유라시아 슈퍼 그리드 DMZ의 구축의 아이디어는 세계 평화와 지속 가능성에 대한 우리의 접근 방식을 재구상할 수 있는 독특한 기회를 제공할 것이다. 이러한 새로운 형태의 DMZ를 구축하고 육성함으로써 우리는 회복력 있고 공평하며 미래의 도전에 대비할 수 있는 세상을 구축할 수 있다. 영웅을 기다리지 말고 평화롭고 지속 가능한 지구의 건축가가 되자.

7-2

유라시아 지역의 DMZ 선언

역사적으로 많은 국가들이 완충 지역 국가로 역할을 하면서 반복적인 전쟁과 분쟁을 경험하였으며 지금도 진행되고 있다고 볼 수 있다. 이는 국가 안보에 핵심 요인이었다. 그러나 이를 해결하려는 노력은 과거에 만들어진 국제 조직과 기구를 이용하여 전통적인 방법으로 문제를 해결하려 하고 있다.

하지만 세상은 산업화 중심에서 디지털 중심으로 사회는 재편되었다, 이러한 산업화에서 지구 온난화라는 기후 위기는 어느 국가도 피해 갈 수 없었으며 디지털의 급속한 발전과 변화는 인간에게 편리함과 공포를 동시에 안겨 주고 있다. 이러한 기후 변화 대응과 디지털화에도 국가 간의 보이지 않는 이해관계를 해소하기 위한 완충지대가 필요한 실정이다. 이를 위해 제시한 내용이 이 책을 통해 세가지의 DMZ을 통한 해결책으로 유라시아 슈퍼 그리드 DMZ을 제안했다.

유라시아 DMZ 선언은 평화, 지속 가능성, 번영을 위한 비전이다.

우리는 유라시아 사람들과 국제 사회는 상호 연결된 세계에서 평화, 환경 지속 가능성, 번영이 시급히 필요하다는 것을 인식하고 있다. 우리는 지정학적 긴장, 기후 변화, 디지털 기술의 급속한 발전 등 우리가 직면한 도전을 인정하며, 이러한 도전을 극복하고 모두를 위한 더 나은 미래를 만들기 위해 우리의 노력을 하나로 모을 것이다. 유라시아 슈퍼 그리드 DMZ는 유라시아 대륙의 미래를 위한 대담하고 혁신적인 비전을 제시한다.

유라시아 슈퍼 그리드 DMZ를 지원하기 위해 우리는 다음과 같이 약속한다.

1. 2050년까지는 모든 전쟁을 금지하고 세 가지의 DMZ을 통해 분쟁 지역을 협력, 상호 이해, 공동 번영의 영역으로 전환하여 국가 간 평화와 외교를 증진한다.

2. 파리 협약의 NDC와 ITMO를 촉진하기 위해 효율적이고 신속한 재생 에너지 생산, 탄소 격리 및 기후 적응을 할 수 있는 유라시아 비무장 지대의 잠재력을 활용하여 기후 변화에 대응한다.

3. 평화 구축, 지속 가능성, 기술 분야에서 디지털 혁신, 교육, 기술 개발을 수용하여 MZ세대와 미래 세대의 역량을 강화한다. 이를 위해 UN은 러시아와 한국, 그리고 잠재적으로 우크라이나나 북한의 세 가지 주요 DMZ에 대해 논의하고 결정하기 위한 메커니즘을 구축한다.

4. 국경을 초월하여 유라시아 비무장 지대의 성공적인 이행을 위해 필요한 자원, 전문성, 투자를 동원하기 위해 협력한다. 이를 위해 기업은 기존 환경, 사회 및 거버넌스(ESG) 요소와 함께 투자 기준에 평화 영역을 포함해야 한다.

5. 교육, 예술, 미디어를 통해 유라시아 비무장 지대의 비전에 글로벌 커뮤니티를 참여시켜 희망과 영감, 성공에 대한 공동의 책임감을 고취한다.

6. 유라시아 비무장 지대를 전 세계의 다른 평화, 지속 가능성, 협력 이니셔티브와 연결하여 보다 조화롭고 번영하는 미래를 향한 글로벌 움직임에 기여한다.

7. 다른 대륙이나 지역에도 유라시아 슈퍼 그리드 DMZ 개념을 적용한다.

우리는 이 선언을 수락함으로써 유라시아 수퍼 그리드 비무장 지대를 우리 대륙과 세계에 희망, 단결, 변화의 등대로 만들 것을 약속한다. 이를 통해 우리는 평화, 환경 보호, 모두를 위한 공동 번영을 특징으로 하는 미래를 향한 결정적인 발걸음을 내딛는다.

7-3

유라시아 지역의 DMZ 선언 지지하기

평화와 지구를 사랑하는 친구, 동료 여러분,

우리는 평화, 협력, 환경 조화의 상징이 되고자 하는 우리의 의지를 담은 비전 이니셔티브인 〈유라시아 슈퍼 그리드 DMZ 선언〉을 여러분과 공유하게 된 것을 기쁘게 생각한다. 이 선언을 통해 우리는 하나가 되어 모두를 위한 더 밝고 지속 가능한 미래를 위해 노력할 것을 약속한다. 이 숭고한 대의에 기여할 수 있는 방법은 다음과 같다.

DMZ-DREAM.com을 방문하여 〈유라시아 슈퍼 그리드 DMZ 선언〉에 동의하거나 서명한다. 여러분의 지지는 이 이니셔티브가 큰 성공을 거두는 데 매우 중요하다.

이 놀라운 프로젝트를 비밀로 하지 않는다. 친구, 가족, 동료들과 유라시아 비무장 지대의 비전을 공유한다. 함께라면 더 많은 사람들이 평화를 받아들이고, 환경을 보호하며, 협력을 증진하도록 영감을 줄 수 있다.

디지털 혁신 기술의 시대에 디지털 도구와 교육을 수용하여 젊은이들과 미래 세대의 평화를 위한 역량을 강화하자. MZ세대가 평화 구축, 지속 가능성, 기술 분야에서 적극적인 역할을 하도록 장려한다.

우리는 예술과 미디어를 활용하여 유라시아 비무장 지대의 성공을 위한 희망과 영감, 공동의 책임을 홍보함으로써 글로벌 커뮤니티를 참여시킬 수 있다.

이 야심 찬 노력에는 국경을 초월한 협력이 필요하다. 유라시아 비무장 지대를 현실로 만드는 데 필요한 자원, 전문성, 투자를 동원하기 위해 함께 노력하자.

유라시아 비무장 지대는 퍼즐의 한 조각에 불과하다. 전 세계의 다른 평화, 지속 가능성, 협력 이니셔티브와 연결하여 지구 전체의 조화롭고 번영하는 미래에 기여하도록 하자.

이 선언을 수락하는 것은 전쟁과 분쟁을 없애고 미래 세대를 위해 지구를 복원하는 운동에 동참하는 것이다. 우리는 함께 아프리카 대륙과 그 너머를 위한 희망, 단결, 변화의 등불을 만들 수 있다.

평화와 지속 가능성의 메시지를 전파하고 모든 존재가 번영할 수 있는 세상을 만들기 위해 함께 노력하자. 우리는 함께라면 차이를 만들고 긍정적인 변화를 가져올 수 있다.

〈유라시아 슈퍼 그리드 DMZ 선언〉에 대한 여러분의 지지와 헌신에 감사드립니다!

DMZ-DREAM.com 가기 ▶   Dream-DMZ

앞으로의 여정

이 책에서는 유라시아는 물론 전 세계가 신냉전 시대, 이해관계 상충으로 인한 국가 간 갈등의 문제를 어떻게 공동의 이익에 집중하여 해결할 수 있는지 세 곳의 비무장 지대를 통해 직접 확인했다.

이 책의 이야기는 유라시아의 긴장 고조와 기후 변화의 위협 증가라는 두 가지 병렬적인 이야기에서 시작되었다. 서로 다르게 보이는 이 두 가지 이야기는 우리 세계의 본질적인 연결성이라는 공통된 주제를 공유한다. 세계화로 정의되는 시대에 홀로 서 있는 국가는 없으며, 대기 중으로 방출되는 이산화탄소가 그 출처에 관계없이 우리 모두에게 영향을 미치는 것처럼 모든 분쟁은 국경을 넘어 반향을 일으킨다.

기후 변화가 어떻게 국가를 하나로 모으고 공동의 적에 맞서 협력과 통합을 촉진할 수 있는지 살펴봤다. 기후 변화의 위협은 단순한 환경 문제가 아니라 우리 사회의 운영 방식, 경제의 기능, 국가 간의 상호 작용 방식을 다시 상상할 수 있는 기회이자 행동을 촉구하는 것이다.

유라시아 슈퍼 그리드 DMZ라는 개념으로 요약되는 희망의 비전도 제시했다. 다양한 재생 에너지원을 먼 거리에 걸쳐 연결하려는 이 야심 찬 노력은 단순한 에너지 솔루션 그 이상을 의미한다. 협력의 상징이자 공동 목표의 힘을 증명하며, 더 평화로운 미래로 가는 길을 밝히는 등대이다.

끝나는 모든 이야기는 앞으로 펼쳐질 또 다른 이야기의 전조이다. 비무장 지대의 꿈에 대한 이야기가 막을 내리면서 새로운 이야기가 시작된다. 앞으로의 여정은 이 책의 경계에 국한되지 않고 정책 결정, 국제 협력, 끊임없는 평화 추구라는 영역으로 확장될 것이다.

1. 새로운 시대의 서막: 앞으로의 여정은 도전으로 가득 차 있다. 수 세기에 걸친 경쟁 관계를 해체하고, 슈퍼 그리드 구축의 기술적 복잡성을 극복하고, 기후 변화와의 힘겨운 싸움을 이겨 내야 한다. 그러나 이러한 미래를 향해 나아갈 때, 우리는 분열이 아닌 통합된 세상을 약속하는 새벽에 대한 확고한 믿음을 가지고 나아갈 것이다.

2. 행동 촉구: 이 책은 세계 지도자, 중립국, 그리고 평화로운 세상을 꿈꾸는 모든 개인에게 분명한 촉구 역할을 한다. 이 책은 세 가지의 비무장 지대(DMZ)의 꿈을 실현하기 위해 국익의 틀에서 벗어나 공동 전선을 포용해야 한다는 시급성을 강조한다.

3. 미래 세대를 위한 로드맵: 이 여정의 중심에는 미래 세대가 있다. 비무장 지대, 디지털 시대, 전환 경제는 그들이 물려받을 유산이다. 이 책은 평화가 예외가 아닌 표준이 되는 미래로 그들을 이끌 로드맵 역할을 한다.

결론적으로, 우리는 아직 쓰여지지 않은 미래, 즉 그림을 그리기 위해 기다리는 캔버스를 남겨 두고 떠난다. 이 책은 아이디어와 꿈의 보물창

고인 가이드일 뿐이다. 그 꿈을 현실로 바꾸는 힘은 우리 손에 달려 있다. 우리는 이를 해결 할 영웅을 기다리면 안 된다. 비무장 지대의 꿈은 목적이 아니라 '분쟁'이라는 단어가 사라지는 미래로 가는 수단이다. 비무장 지대의 꿈은 희망의 비전이다. 꿈에 머물지 말고 행동으로 옮겨야 한다. 이 책의 마지막 페이지가 평화로운 유라시아를 향한 공동의 여정의 끝이 아닌 시작이 되기를 바란다. 평화를 추구하는 데에는 너무 작은 노력이나 너무 큰 꿈은 없다.

여러분의 생각과 통찰은 우리에게 매우 소중합니다. 여러분의 아이디어, 도전 과제, 제안된 솔루션을 DMZ-DREAM.com에서 공유해 주시기 바랍니다.

DMZ 드림은 기후 변화에 대응하는 것을 넘어 평화, 지속 가능성, 공동 번영이 지배하는 협력적 미래를 구상합니다. 모든 목소리가 중요하며 여러분의 적극적인 참여가 더 밝고 통일된 미래를 향해 더 빨리 나아갈 수 있습니다.

항상 행복하시길 바랍니다.

저자 올림

찾아보기

DMZ의 꿈

ⓒ 이근중, 2024

초판 1쇄 발행 2024년 8월 15일

지은이   이근중
펴낸이   이기봉
편집   좋은땅 편집팀
펴낸곳   도서출판 좋은땅
주소   서울특별시 마포구 양화로12길 26 지월드빌딩 (서교동 395-7)
전화   02)374-8616~7
팩스   02)374-8614
이메일   gworldbook@naver.com
홈페이지   www.g-world.co.kr

ISBN   979-11-388-3417-9 (03340)